맹자로 한국 살리기

■ 동양학 100권 발간 후원인(가나다 순)
　후원회장 : 유태전
　후원회운영위원장 : 지재희
　김기흥, 김재성, 김창완, 박남수, 박양숙, 박종거, 박종성, 백상태, 신성은,
　오경록, 오두환, 유재귀, 유평수, 이석표, 이세열, 이승균, 이용원, 임종문,
　전병구, 정갑용, 정찬옥, 정철규, 정봉규, 조일형, 최계림, 최영전, 최형주

　편집고문 : 박양숙, 김관해, 양태조
　편집위원 : 김종원, 박문현, 송기섭, 이덕일, 이상진, 임헌영,
　　　　　　 전일환, 조강환, 조혜자, 조응태, 지재희, 황송문

┌─────┐
│인 지│
│생 략│
└─────┘

한글 맹자
맹자로 한국 살리기

초판1쇄인쇄　2001년 2월 10일
초판1쇄발행　2001년 2월 15일

지은이 : 이승철
펴낸이 : 이준영

회장·유태전
주간·김창완
편집·홍윤정 / 교정·강화진 / 영업·김도연
조판·태광문화 / 인쇄·천광인쇄 / 제본·기성제책 / 유통·문화유통북스

펴낸곳 : 자유문고
서울 영등포구 문래동6가 56-1 미주프라자 B-102호
전화·2637-8988·676-9759 / FAX·676-9759
E-mail : jayumg@hanmail.net
등록·제2-93호(1979. 12. 31)

정가 10,000원
※잘못 만들어진 책은 구입하신 서점에서 바꿔드립니다.

ISBN 89-7030-305-7　04140
ISBN 89-7030-300-6　(세트)

한글 맹자
맹자로 한국 살리기

이 승 철 지음

자유문고

머 리 말

우리는 어떤 시대에 살고 있는가.

국민이 정치를 걱정하고, 정치가를 불신하는 그런 시대에 살고 있는 것은 아닌가.

우리는 정치라면 넌덜머리를 내고, 정치가라면 사기꾼, 거짓말쟁이, 부정부패의 원흉, 낯 두꺼운 뻔뻔스러움 같은 부정적 이미지의 대명사쯤으로 알고 있는 것은 아닌가.

2천 년도 훨씬 전인 그 옛날에 맹자는 벌써 정치와 정치가의 이런 이면을 간파하고, 백성을 위한 정치, 백성을 위한 정치가, 백성이 주인이고 백성을 섬기는 정치를 역설하면서 '인의(仁義)'의 정치를 주장했었다.

그리고 그는 놀랍게도 백성을 섬기지 않는 임금은 갈아치워도 좋다는 역성 혁명(易姓革命)을 주장하기까지 했다. 이 혁명적 사상은 당시로서는 가히 원자탄을 떨어뜨리는 것과 같은 엄청난 충격을 주는 것이었을 것이다.

맹자가 주장한 인의의 왕도 정치(王道政治)는 2천 년이 훨씬 지

맹자로 한국 살리기
머리말

난 오늘날까지도 이루어지지 못한 이상적인 목표가 되고 있지만, 인류는 그 이상을 향해 꾸준히 한 걸음 한 걸음 전진해 가고 있는 것 또한 사실이다.

맹자는 또 백성이 잘사는 나라야말로 바른 정치가 구현된 사회로 보았다.

백성에게는 반드시 생업을 가질 수 있도록 해 주어 한 사람의 백성이라도 굶주리는 사람이 있게 해서는 안 되고, 부모를 봉양하고 자녀를 키우는 데 부족함이 없을 만큼의 소득이 있도록 나라가 보장해 주어야 하고, 노인들이 비단옷을 입고 고기를 많이 먹을 수 있도록 해야 한다고 주장했다. 그런 다음에 백성을 교육해서 문화적으로 세련된 사고를 갖고 서로가 서로를 위함으로써 평화로운 사회를 만들어야 한다는 목표를 제시했다.

'맹자'는 전편이 대화로 이루어진 대화록이다.

맹자에게 가르침을 받고자 하는 사람들, 이를테면 제후라든지 정치가라든지 제자들의 물음에 답하는 식과, 생각과 사상이 다른 사람들과 논쟁하는 내용이 그대로 담겨 있는 책이다.

우리는 대화와 설득, 그리고 자기 주장에 정당성을 부여하는 것이 삶의 중요한 방식이 되어 있는 시대에 살고 있다. 우리는 '맹자'를 읽으면서 어떻게 상대방을 설득하고, 자기의 생각을 어떻게 표현하며, 자기 주장에 어떻게 논리를 세워 가는지를 배울 수 있을 것이다.

우리는 논쟁보다는 흑백 논리에 익숙한 풍토 속에서 살아 왔다. 그래서 우리는 '다르다'는 뜻의 말까지도 '틀리다'는 말로 쓰고 있는 데 익숙해져 있다. 이를테면 '네 생각과 내 생각은 틀려'라는 말을 아무 의심 없이 쓰고 있는 것이다.

틀린 것은 틀린 것이고 다른 것은 다른 것이라는 사실을 우리는 모르고 지나칠 만큼 맞는 것 아니면 틀린 것이라는 흑백 논리에 오염되어 있다.

'맹자'를 읽으면서 우리는 서로 다른 생각을 존중하면서 내 생각이 어떻게 네 생각과 다르고, 내 생각이 어떻게 네 생각보다 더 바른 것인지를 설득하는 기술을 배울 수 있을 것이다.

'맹자'는 원래 '양혜왕', '공손추', '등문공' 등과 같이 맹자가 만나서 대화하고 논쟁했던 사람 중심으로 편성되어 있다. 이 책에서는 맹자의 '정치론' '경제론' '외교론' 등으로 편성해서 묶었다. 이렇게 묶어 놓고 보니 맹자의 사상을 이해하기가 훨씬 쉬웠다.

또 이 책에서는 단어, 어투, 문장 등을 모두 현재에 사는 우리들이 쓰고 있는 말로 바꾸어 쓰려고 노력했다. 원래의 뜻을 크게 손

맹자로 한국 살리기
머리말

상시키지 않은 범위 안에서 우리들이 알고 이해하기 쉽게 현대적 어법으로 바꾸어 씀으로써 많은 독자들에게 동양 고전과 동양 사상을 친근하고 가깝게 대할 수 있도록 배려했다.

한자를 쓰지 않고도 '맹자'를 읽고 이해할 수 있게 전달하려고 많은 노력을 기울였다는 점을 독자들이 평가해 주었으면 고맙겠다.

2001년 1월
이 승 철 씀

'맹자'는 어떤 책인가

맹자(孟子)는 전국 시대 중기인 기원전 372년에 산동성 추현에서 태어나 219년까지 살다 갔다.

맹자의 어머니는 아들의 교육을 위해 세 번이나 이사를 갔다는 맹모삼천지교(孟母三遷之敎)로 유명한 일화를 남겼고, 아들이 공부해야 할 기간을 다 채우지 않고 집으로 돌아오자 짜고 있던 베를 잘라 아들의 잘못을 훈계한 단기지훈(斷機之訓)의 일화로써, 부모의 자녀 교육이 얼마나 중요한 것인가를 후세에 가르쳐 준 훌륭한 어머니로 전해지는 여성이다.

맹자는 공자의 손자인 자사에게 배웠고, 어려서부터 공자를 숭배했다고 한다. 맹자는 요순 시대를 인류가 지향해야 할 이상 사회로 보고, 우임금, 탕임금, 문왕, 무왕, 그리고 공자를 거쳐 자신에 이르는 도의 정통성을 세워 유학(儒學)의 체계를 확립했다.

맹자는 남의 불행이나 고통을 보고 그냥 보아넘기지 못하는 측은지심(惻隱之心)의 인(仁)과, 옳지 않은 것을 미워하는 수오지심(羞惡之心)의 의(義)와, 어른을 공경하고 남에게 겸손하는 사양지심(辭讓之心)의 예(禮)와, 선과 악을 구별하는 시비지심(是非之心)의 지(智)를 모든 사람은 공통적으로 가지고 있는 것으로 보고, 그러므로 사람은 태어나면서부터 착한 바탕을 가지고 있다는 성선설(性善說)을 주장했다.

공자가 '인'을 강조했다면, 맹자는 여기에 '의'를 덧붙여 '인의'를 내세웠으며, 그 시대에 유행하던 여러 가지 사상들, 양주가 주장한 극단적 이기주의의 자애설과 묵적이 주장한 박애주의의 겸애설 등을 배척하고, 유가의 사상을 통일하는 일에 전념했다.

맹자는 정치에서는 왕도 정치를 주장했다. 왕도 정치는 옛날 성왕들이 인의의 덕정을 베풀어 태평성대를 이룬 치적에 이상적인 목표를 설정하고, 지도자들이 자기 욕심을 버리고 오로지 백성을 위해 존재해야 한다고 주장한 사상이다. 맹자는 세상의 질서를 바로잡고, 도탄에 빠진 백성을 구해 요순 시대와 같은 사회를 건설하기 위해 양, 제, 송, 노나라 등 여러 나라를 돌아다니면서 왕도 정치를 역설했었다.

맹자는 그 당시에 이미 백성들이 잘사는 사회를 이상 사회로 보고 국민 경제를 부흥시키기 위한 여러 가지 실질적인 제도를 제안했다. 그 가운데서도 세제 개편과 정전법의 주장은 탁월한 대안이었다.

토지의 경계를 분명히 해서 공정한 토지 분배를 통해 백성들의

맹자로 한국 살리기
'맹자'는 어떤 책인가

경제적 기반을 안정적으로 조성해 주고, 부모와 자식, 임금과 신하, 지아비와 지어미, 어른과 아이, 벗과 이웃 사이 등 인간 관계의 기본적인 질서를 확립하여 건전한 사회를 이룩해야 한다고 주장한 것 등은, 맹자가 어느 한 부분에만 대안을 제시한 것이 아니라, 인간 사회의 근본적인 틀에서부터 평화로운 공동체 사회의 건설에 이르기까지, 전 분야에 걸쳐 확실한 대안을 제시했다는 점에서, 그의 사상적 넓이를 가늠해 볼 수 있게 한다.

맹자의 사상 중에서 가장 두드러진 점은 민본주의 사상이다. 당시 사회에서는 상상할 수조차 없는 혁명적 발상이었다.

'백성이 주인이고 모든 권력은 백성으로부터 나온다'는 생각은, 백성을 괴롭히는 군주는 갈아치워도 좋다는 역성 혁명을 정당화하기까지 했다. 이런 맹자의 사상은 당시의 지배 계층에게는 매우 위험한 것이었을 것이다.

맹자의 이런 생각과 행적, 그리고 그가 남긴 말들을 제자들이 모아 엮은 책이 '맹자'인데, 제자들이 7권의 책으로 엮었다는 기록이 사마천이 쓴 '사기'에 전해지고 있다.

후한 시대에 조기는 "맹자가 공손추 등 제자들과 문답을 정리 편찬하고 새로운 것을 써 넣어 7편 261장을 지었다."고 했으나 이 말에 동의하는 학자는 드문 편이다.

오나라의 요신은 "제자들이 지은 것이요, 맹자 자신의 저서는 아니다." 했고, 당나라 때의 한유도 "맹자 사후에 제자들이 맹자의 말을 기록했다."고 보았다.

'맹자'의 구성은 양혜왕 상하편, 공손추 상하편, 등문공 상하편, 이루 상하편, 만장 상하편, 고자 상하편, 진심 상하편으로 되어 있다. 편명은 특별한 뜻이 있는 것이 아니라 각편의 첫머리 글자를 따서 지은 것으로 보인다.

'맹자'가 논어, 대학, 중용 등과 함께 사서(四書)의 하나로 되기까지는 1천여 년의 세월이 걸렸다. 송나라 때에 이르러서야 맹자를 숭상하는 기운이 높아졌고, 왕안석은 맹자를 과거 과목으로 추가했고, 남송 시대의 주희에 이르러서야 논어, 맹자, 대학, 중용이 4서로 확정되었다. 이 때부터 '맹자'는 경전으로 취급받게 된 것이다.

'맹자'는 우리 나라에도 지대한 영향을 미쳐, 모든 선비와 지식인들이 반드시 읽고 외우고 본받아야 할 책으로 떠받들게 되었으며, 실질적으로 우리 나라의 학계와 정치계의 근본적인 사상으로 자리를 잡아 우리를 수백년 동안 지배한, 참으로 엄청난 영향력을 행사한 책이라고 아니할 수 없을 것이다. 그러므로 우리는 반드시 한 번쯤은 읽고 넘어가야 할 책이라는 일종의 의무감 같은 것을 갖지 않을 수 없는 책이다.

차 례

머리말 … 4
'맹자' 는 어떤 책인가 … 8

제 1장 정치론
백성의 마음을 얻어라 / 21

이익만 추구하면 망하고 만다 …22
백성들과 함께 즐겨야 한다 …24
나쁜 정치는 백성을 죽인다 …26
40리는 크고 70리는 작다? …28
백성들과 함께 즐겨라 …30
지방 출장 때 백성에게 피해를 주지 마라 …33
어려운 백성을 도와 주라 …36
인사 관리는 어떻게 해야 하나 …38
신하가 임금을 죽일 수 있는가 …41
백성의 참상을 남의 일 보듯 하면 …42
어진 정치란 어떤 것인가 …44
임금이 백성을 사랑하면 천하를 얻을 수 있다 …47
덕으로 복종시키는 것과 힘으로 복종시키는 것 …49
어진 정치를 베풀면 …51

다른 나라 백성들을 우리 나라로 와서 살게 하려면 …53
받아도 좋은 돈과 받으면 안 되는 돈 …55
요순의 도라도 실천이 따르지 않으면 …57
임금이 백성에게 포악하게 굴면 …59
어질지 못하면 나라까지도 잃는다 …61
세상이 바르게 돌아가면 …62
백성의 마음을 얻으면 천하를 얻는다 …64
순임금은 동이 사람이다 …66
정치를 할 줄 모르는 사람 …67

제 2 장 경제론
백성이 잘사는 나라 / 69

백성을 굶주리지 않게 하려면 …70
생업이 안정돼야 민심이 안정된다 …74
정전법이란 어떤 제도인가 …77
사람은 저마다 할 일이 따로 있다 …79
물건값은 양으로 매겨야 하나 질로 매겨야 하나 …86
노동하지 않는 선비는 무얼 먹고 살아야 하나 …88
좋은 제도는 당장 시행하라 …91
살림이 넉넉해지면 민심도 좋아진다 …92
세금은 적게 받을수록 좋다 …93

제 3장 외교론
평화로운 세상을 위하여 / 95

작은 나라는 큰 나라를 이길 수 없다 …96
이웃 나라와 잘 지내는 방법 …99
무도한 나라는 쳐도 좋다 …101
백성이 원하면 차지하라 …104
제후들이 연합해 공격해 오니 …106
큰 두 나라 사이에 끼여 있는 작은 나라 …109
다른 나라와 싸울 때는 인화가 제일이다 …112
큰 나라가 작은 나라를 치려고 하면 …114

제 4장 지도자론
사랑으로 감싸안아라 / 117

어떤 임금이 천하를 통일할 수 있을까 …118
왜 어진 정치를 베풀지 못하는가 …120
나라가 잘 다스려지지 않는 책임 …125
대들봇감을 서까랫감으로 만들지 마라 …127
신하에게 어떻게 대할 것인가 …129
임금이 올바르면 신하가 올바르지 않을 수 없고 …133
임금이 신하를 대하는 세 가지 예의 …134
죄없이 선비를 죽이면 …136
백성 보기를 다친 사람 대하듯 하고 …137

지도자는 백성을 다치게 하면 안 된다 …138
사랑함과 인자함과 친함의 차이 …140
사랑하지 않는 것 때문에 사랑하는 것을 잃는다 …141
사람이 있어 온 후로 공자만한 이는 있지 않았다 …142
우임금과 후직의 책임감 …146

제 5 장 공직자론
나아가고 물러날 때를 알라 / 149

잘못을 인정하라 …150
책임을 다하지 못하면 …152
총애를 믿고 자기 멋대로 하는 사람에게는 …154
선비는 이익을 좇아 뛰어다니면 안 된다 …156
내가 그대를 거절하는 것이겠소? …158
나에게 왕도 정치를 펼 기회를 준다면 …160
내가 녹봉을 받지 않는 이유 …163
선비는 왜 벼슬살이를 해야 하는가 …164
혼자서 임금의 생각을 바꿀 수 없다 …167
선비의 자존심을 살려 주라 …169
무엇을 청렴하다고 하는가 …171
나쁜 신하란 어떤 사람인가 …174
낮은 자리와 높은 자리 …176
신하는 임금을 어떻게 섬겨야 하는가 …178
임금에게 좋은 신하는 백성의 적 …179

나아가는 경우 세 가지와 물러나는 경우 세 가지 ···180
훌륭한 인재는 고난 속에서 태어난다 ···182
나아가는 것이 빠른 사람은 물러나는 것도 빠르다 ···184
우리가 본받아야 할 사람 ···185
선을 좋아한 악정자 ···189
사이비 인간을 조심하라 ···191

제 6장 인성론
사람의 바탕은 선한 것 / 193

인의예지는 어디서 오는가 ···194
도는 오직 하나뿐이다 ···196
버드나무와 버들고리 ···198
물에는 위아래의 분별이 있다 ···200
흰 깃털의 흰색과 흰 눈의 흰색 ···201
마음 안에 있는 것과 마음 밖에 있는 것 ···202
의는 마음의 어디서 오는가 ···204
백성들은 아름다운 덕을 좋아한다 ···207
사람이 공통적으로 좋아하는 것 ···209
기르면 자라지 않는 것이 없다 ···211
하루만 햇볕 쬐고 열흘 동안 차게 하면 ···213
목숨보다 더 귀중한 것도 있다 ···214
개를 잃으면 찾으면서 마음을 잃고는 찾을 줄 모른다 ···216
마음이 남과 같지 않아도 싫어할 줄 모르니 ···217

맹자로 한국 살리기
차 례

마음을 다해 자기 몸을 길러라 …218
손가락의 통증은 고치면서 중병은 내버려 두다니 …219
대인과 소인 …221
하늘의 작위와 사람의 작위 …222
술에 취하고 덕에 배불렀네 …223
어진 것은 어질지 못한 것을 이긴다 …224
무엇이 더 중요한가 …225
하려고 하지 않으면 되지 않고 …227
사람이 사람 되는 이치 …229
착함의 여섯 단계 …230

제 7장 수신론
어린아이 마음을 잃지 마라 / 231

큰 용맹과 작은 용맹 …232
진정한 용기란 어떤 것인가 …234
흔들리지 않는 마음이란? …237
무엇을 호연지기라 하는가 …239
그 사람의 말을 들으면 마음을 알 수 있다 …241
왜 직업을 가려서 가져야 하는가 …242
나를 구부려 남을 바로잡을 수 없다 …245
진정한 대장부란 어떤 사람인가 …248
모든 원인은 나에게 있다 …249
자신이 만든 재앙은 피할 수 없다 …250

스스로 자기를 깎아내리는 사람 …252
성실함에 감동받지 않은 사람은 없다 …253
아버지는 아들을 가르치지 못한다 …254
어른 먼저 찾아뵈어라 …255
지나친 칭송은 부끄럽게 여긴다 …257
제자를 가르치는 스승의 자세 …258
군자는 어떤 사람인가 …260
아내가 보기에 부끄러운 남편 …262
벗을 사귀는 방법 …264
제후들이 보낸 예물을 받아야 하는가? …266
하늘의 뜻에 따라 살아라 …269
교육에 관하여 …270
바다를 본 사람은 다른 물이 물 같지 않고 …273
하나를 고집하면 아흔아홉 가지가 막힌다 …274
청렴을 손상시키는 일 …275
맹자가 남긴 명언들 …278
사람의 세 가지 즐거움 …280

제 8장 효도론
부모 마음을 기쁘게 하라 / 283

어머니 장례를 호화롭게 치른 까닭 …284
예로써 섬기고, 예로써 제사를 모신다 …286
노인을 잘 봉양하는 나라는 흥한다 …289

맹자로 한국 살리기
차 례

몸을 봉양할 것인가 마음을 봉양할 것인가 …291
세 가지 불효 …293
인은 어버이를 섬기는 일이요 …294
어버이에게 기쁨을 드리지 못하면 …295
불효에는 다섯 가지가 있다 …296
아버지가 죄를 지으면 …298
아버지가 즐겨 먹는 음식 …299
순임금의 큰 효도 …300
천하를 손으로 건질 수는 없다 …303
아내를 얻으려면 부모에게 알려야 한다 …304
순임금의 형제 사랑 …306
노여움을 마음 속에 두지 않으며 …308

① 정치론
백성의 마음을 얻어라

이익만 추구하면 망하고 만다 / 백성들과 함께 즐겨야 한다 / 나쁜 정치는 백성을 죽인다 / 40리는 크고 70리는 작다 / 백성들과 함께 즐겨라 / 지방 출장 때 백성에게 피해를 주지 마라 / 어려운 백성을 도와 주라 / 인사 관리는 어떻게 해야 하나 / 신하가 임금을 죽일 수 있는가 / 백성의 참상을 남의 일 보듯 하면 / 어진 정치란 어떤 것인가 / 임금이 백성을 사랑하면 천하를 얻을 수 있다 / 덕으로 복종시키는 것과 힘으로 복종시키는 것 / 어진 정치를 베풀면 / 다른 나라 백성들을 우리 나라로 와서 살게 하려면 / 받아도 좋은 돈과 받으면 안 되는 돈 / 요순의 도라도 실천이 따르지 않으면 / 임금이 백성에게 포악하게 굴면 / 어질지 못하면 나라까지도 잃는다 / 세상이 바르게 돌아가면 / 백성의 마음을 얻으면 천하를 얻는다 / 순임금은 동이 사람이다 / 정치를 할 줄 모르는 사람

정치론
맹자로 한국 살리기

이익만 추구하면 망하고 만다

위(魏) 나라의 양혜왕이 맹자에게 물었다.
"선생께서 천리길을 멀다 않고 우리 나라를 찾아오셨으니, 우리 나라에 어떤 이로움을 줄 수 있습니까?"
이 물음에 맹자는 "전하께서는 어찌해서 하필 이로움을 말씀하십니까. 오직 '인'과 '의'가 있을 뿐입니다." 하고 말하면서 다음과 같이 논리를 전개해 나갔다.

"전하께서 '어떻게 하면 내 나라를 이롭게 할 수 있을까'를 생각하신다면, 벼슬아치들은 '어떻게 하면 내 집안을 이롭게 할 수 있을까'를 생각할 것이고, 선비나 백성 들도 '어떻게 하면 이 한 몸을 이롭게 할 수 있을까'를 생각하게 될 것입니다.
위로는 임금에서 아래로는 백성들에 이르기까지 서로 자기 이익만 얻으려 한다면, 나라는 위태로워지고 말 것입니다.

정치론
백성의 마음을 얻어라

　만 승의 나라에서 천자를 죽이는 자는 천 승 집안의 대신들이며, 천 승의 제후국에서 제후를 죽이는 자는 백 승 집안의 대부들입니다.

　만 가운데서 천을 차지한 대신들이나, 천 가운데서 백을 차지한 대부들의 몫이 결코 적다고 할 수 없는데도, 모두들 자기 이익만 얻으려 한다면, 천을 가진 자는 만을 다 차지하려 할 것이고, 백을 가진 자는 천을 다 차지하지 않고는 만족하지 못할 것입니다.

　어진 사람으로서 어버이에게 효도하지 않는 이가 없고, 의로운 사람으로서 왕에게 충성하지 않는 이가 없습니다. 도리가 이러한데 전하께서는 어찌하여 '인'과 '의'를 말씀하지 않으시고 이익을 먼저 말씀하십니까."

☞ **양혜왕**(梁惠王) : BC 370~318. 위(魏)나라의 혜왕(惠王). 이름은 영(罃). 위나라는 지금의 중국 산서성에서 섬서성과 하남성의 일부를 차지했던 나라로 전국 시대 7웅(七雄)의 하나. 혜왕 말년에 서쪽의 강국인 진(秦)나라의 세력을 피해 도읍을 대량(大梁), 곧 지금의 개봉(開封)으로 옮겼으므로 양혜왕이라 불렀다. 전국 7웅(戰國七雄)은 한(韓) 위(魏) 조(趙) 진(秦) 초(楚) 연(燕) 제(齊)나라.
☞ **만승의 나라**(萬乘之國) : 천자의 나라. 옛날 중국에서는 전쟁시에 수레를 몇대나 징발할 수 있느냐로 영토의 크기를 헤아렸다. 전국시대에는 천자의 위세가 약해 초나라, 제나라 등이 만승지국으로 일컬어졌다.
☞ **천승의 집안**(千乘之家) : 천자의 공(公)·경(卿). 대신.
☞ **천승의 나라**(千乘之國) : 제후(諸侯)의 나라.
☞ **백승의 집안**(百乘之家) : 제후의 대부(大夫).

백성들과 함께 즐겨야 한다

맹자가 양혜왕을 궁안의 공원에서 만났다.
왕은 공원 안에 있는 연못가를 거닐면서, 연못 위에 떠서 노니는 크고 작은 새들과 연못 가 동산에서 뛰어다니는 짐승들을 보며 즐기다가 맹자에게 물었다.
"어진 사람도 이런 것을 즐깁니까?"
이에 맹자가 대답하였다.
"어진 이라야 이런 것을 즐길 수 있습니다. 덕이 없는 이는 비록 이런 것이 있다 하더라도 즐길 수 없습니다.
'시경'에 이르기를 '영대를 짓기 시작하여 터전을 닦고 일을 시작하니 백성들이 너도나도 달려와 일을 하니 며칠이 되지 않아서 다 이루어졌네. 일을 시작할 때 서두르지 말라고 하였거늘 백성들은 자기 일처럼 몰려드네. 왕께서 동산을 거닐으시면, 살이 찐 암사슴 수사슴이 노닐고 백조는 희기도 희구나. 임금께서 영소에 계

정치론
백성의 마음을 얻어라

시니 오라! 고기는 가득히 뛰노는구나.' 라 하였습니다.

이것은 문왕이 백성의 힘으로 대를 만들고 연못을 만들었으나 백성이 이를 기쁘고 즐겁게 여겨 그 대를 영대, 그 소를 영소라 일러 그곳의 사슴들과 물고기들이 있는 것을 즐겼으니, 옛날의 어진 이는 백성들과 더불어 함께 즐겼으므로 능히 즐길 수가 있었던 것입니다.

또 '탕서(湯書)'에 이르기를 '이 해가 어느 때나 망할 것인가. 우리는 너와 함께 죽으리라.' 했습니다.

모든 백성들이 함께 망하고자 한다면 비록 영대와 연못과 새와 짐승들이 있다 한들 어찌 홀로 즐길 수 있겠습니까."

☞ 탕서(湯誓) : '서경(書經)'의 편명(篇名). 은(殷)나라의 탕왕(湯王)이 하(夏)나라의 걸왕(桀王)을 칠 때 신하들에게 서약한 말이 기록되어 있다. '서경'은 주왕실(周王室)의 기록을 중심으로 하여 이루어진 중국에서 가장 오래된 사서(史書)로서 '상서(商書)'라고도 한다.

정치론
맹자로 한국 살리기

나쁜 정치는 백성을 죽인다

맹자가 양혜왕에게 물었다.
"사람을 몽둥이로 때려 죽이는 것과 칼로 찔러 죽이는 것은 다릅니까?"
양혜왕이 대답했다.
"사람을 죽인다는 점에서는 다르지 않습니다."
맹자가 다시 물었다.
"그렇다면 칼로 사람을 찔러 죽이는 것과 정치를 잘못해서 백성을 죽게 하는 것은 다릅니까?"
양혜왕이 대답했다.
"그것 또한 다르지 않습니다."
맹자는 질문을 마치고, 양혜왕이 잘못하고 있는 정치에 대해서 이렇게 비판했다.
"전하의 푸줏간에는 고기가 푸짐하게 걸려 있고, 전하의 마굿간

정치론
백성의 마음을 얻어라

에는 살진 말들이 가득한데, 백성들의 얼굴은 굶주려 초췌하며, 들에는 굶어 죽은 시체들이 널려 있습니다.

 짐승은 살이 올라 피둥피둥한데 사람은 굶주려 죽어 가고 있는 이 현실은, 마치 짐승을 몰아다 사람을 먹게 하는 것과 같다고 하겠습니다. 큰 짐승이 작은 짐승을 잡아먹는 것조차 싫은 일인데, 백성의 부모인 임금이 베푸는 정치가 겨우 짐승을 몰아 사람을 먹게 하는 것과 같은 것이라면, 전하께서는 백성의 부모된 보람을 어디서 찾겠습니까. 이건 결국 백성을 짐승만도 못하게 여긴 결과가 아니겠습니까."

정치론
맹자로 한국 살리기

40리는 크고 70리는 작다?

제나라의 선왕이 맹자에게 물었다.
"옛날 주나라 문왕의 동산은 사방 70리나 되는 크기였다고 하는데 사실입니까?"
"옛 문헌에 그렇게 씌어 있습니다."
"동산이 그렇게 컸단 말입니까?"
"그런데도 백성들은 오히려 작다고 생각했답니다."
"지금 내 동산은 사방 40리밖에 되지 않아 그보다 훨씬 작은데도 백성들은 너무 크다고 불평한다니 어찌된 까닭입니까?"
"문왕의 동산에는 백성들이 자유롭게 드나들 수 있어서, 나무꾼들이 풀도 베어 가고 땔나무도 해 갈 수 있었으며, 사냥꾼들이 꿩이나 토끼를 잡아 갈 수 있었습니다. 그러니 백성들이 작다고 생각한 것은 당연한 일이 아니겠습니까.
전하의 동산에서는 동산에 사는 사슴을 죽이면 살인죄와 마찬가

정치론
백성의 마음을 얻어라

지의 형벌에 처하고 있습니다. 짐승 한 마리 잘못 죽였다가는 사형을 당하게 되니, 이것은 사방 40리에다 사람 잡는 함정을 파 놓은 것과 똑같은 것이 아니겠습니까. 지금의 사정이 이러하니 백성들이 동산 근처에 얼씬이나 할 수 있겠습니까.

　사방 70리나 되는 문왕의 동산보다 훨씬 작은 사방 40리밖에 안 되는 동산이라고 하지만, 전하께서 혼자만 즐기고 백성들에게는 오히려 고통만 안겨 주는 동산이 되었으니, 백성들이 크다고 생각하는 것은 오히려 당연한 일이 아니겠는지요."

☞ 제선왕(齊宣王) : 지금의 산동성 일대를 차지했던 제나라의 임금.
☞ 주문왕(周文王) : 은(殷)나라 말에 중국 서쪽에 자리잡아 서백(西伯)이라는 칭호를 가졌던 성군으로, 주왕조(周王朝)를 세운 무왕의 아버지. 무왕이 은나라를 멸하고 주왕조를 세운 다음 문왕으로 추존하였다.

정치론
맹자로 한국 살리기

백성들과 함께 즐겨라

제나라 선왕의 신하 장포가 맹자에게 물었다.
"우리 임금께서는 음악을 좋아합니다. 이 혼란한 시대에 한 나라의 임금으로서 한가롭게 음악이나 즐긴다는 것이 과연 잘하는 일인지 알고 싶습니다."
"선왕께서 음악을 좋아하신다면 제나라는 머지않아 잘 다스려질 것입니다."

며칠 후 선왕을 만난 맹자가 선왕에게 물었다.
"전하께서 음악을 좋아하신다고 들었는데 사실입니까?"
"음악을 좋아하긴 하는데, 고전 음악이 아니라 유행가를 좋아합니다."
"전하께서 음악을 좋아하신다면 제나라는 머지않아 잘 다스려질 것입니다. 유행가도 근본은 고전 음악에서 이어 오는 것이니, 고

정치론
백성의 마음을 얻어라

전 음악을 좋아하시는 것이나 다름이 없습니다. 전하께서는 혼자서 음악을 즐기는 것과 다른 사람들과 함께 즐기는 것 중 어느 쪽이 더 즐겁다고 생각하십니까?"

"다른 사람들과 함께 즐기는 것이 좋지요."

"그렇다면, 몇몇 사람하고 즐기는 것이 좋습니까, 아니면 많은 사람과 함께 즐기는 것이 좋습니까?"

"많은 사람과 함께 즐기는 것이 더 좋습니다."

맹자는 질문을 마치고 백성과 더불어 즐기는 임금의 도리에 대해 설명했다.

"오늘 저는 음악에 대한 말씀을 드리겠습니다.

지금 전하께서 이 자리에서 음악을 연주하신다고 가정하겠습니다. 백성들이 머리를 싸매고 눈살을 찌푸리며 '우리 왕은 음악을 즐기면서 어찌하여 백성들의 귀를 이렇게 괴롭힌단 말인가.' 하고 원망한다면 그 까닭이 어디 있다고 생각하시겠습니까.

또 지금 이 자리에서 전하께서 사냥을 한다고 가정하겠습니다. 백성들이 시끄러운 수레바퀴 소리와 말울음 소리에 머리를 싸매고 눈살을 찌푸리며 '우리 왕은 사냥을 좋아하면서 어찌하여 우리 백성들을 이처럼 괴롭힌단 말인가.' 하고 원망한다면 그 까닭이 어디에 있다고 생각하시겠습니까.

전하께서 백성들과 즐거움을 함께 나누지 않으면 백성들은 전하를 원망합니다.

　지금 전하께서 이 자리에서 음악을 연주하신다고 가정하겠습니다. 백성들이 '우리 임금께서 다행히 아무 병도 없이 건강하시구나. 어쩌면 저렇게도 연주를 잘하실까.' 하고 말한다면 그 까닭이 어디에 있다고 생각하시겠습니까.

　지금 이 자리에서 전하께서 사냥을 하신다고 가정하겠습니다. 백성들이 '저 깃발들을 보아라, 참으로 아름답구나. 수레바퀴 소리도 말발굽 소리도 어쩌면 저렇게 경쾌하단 말인가. 우리 임금께서 건강하신 모양이니 다행이구나.' 하고 말한다면 그 까닭이 어디에 있다고 생각하시겠습니까.

　백성들이 전하의 음악과 사냥을 함께 좋아하고 즐기는 것은 전하께서 백성과 함께 즐거움을 나누기 때문입니다. 이렇게 전하께서 백성과 함께 즐거움을 나눈다면 왕으로서 일을 잘할 수 있을 것입니다. 이것을 가리켜 여민동락(與民同樂)이라고 말합니다."

지방 출장 때 백성에게 피해를 주지 마라

　제나라의 경공이 안자에게 물었다.
　"나는 바다를 따라 낭야까지 가 보고 싶은데, 어떻게 해야 옛날 어진 임금들의 순유(여러 곳을 유람함)와 비길 수 있겠소?"
　"참으로 좋은 질문이십니다. 천자가 제후의 나라에 가는 것을 순수라고 하는데, 순수라 함은 제후가 지키는 땅을 순행하는 것이며, 제후가 천자에게 조회하는 것을 술직(述職)이라고 하는데, 술직이라 함은 자기가 맡고 있는 일를 보고하는 것입니다.
　봄에는 백성들이 농사짓는 형편을 살펴 부족한 식량이나 농기구 따위를 보급해 주고, 가을에는 수확을 살펴 부족한 일손을 도와 주었기에, 하(夏)나라 속담에 '우리 임금께서 놀지 않으시는데 우리가 어찌 쉴 수 있으며, 우리 임금께서 즐기지 않으시는데 우리가 어찌 도움을 받을 수 있으랴.' 하는 말이 있습니다.
　천자의 놀고 즐기는 것이 다 제후들에게 본보기가 되었으며, 제후들은 천자를 본받아 자기 백성들에게 선정을 베풀었습니다.
 그러나 지금은 옛 임금들이 즐겁게 놀던 세상은 찾아볼 수가 없게 되었습니다.
 천자가 행차하면 많은 신하들이 따라가, 가는 곳마다 식량을 징발하니 백성들은 배가 고파도 먹지 못하고, 짐을 운반하거나 행차를 맞이하고 보내는 일에 동원되어 몸이 괴로워도 쉬지 못하여, 서로 저들끼리 곁눈질하면서 불평하게 되었습니다. 이래서 백성들은 천자를 원망하게 되고 말을 잘 듣지 않게 되었습니다.
 백성들이 말을 잘 듣지 않으면, 수행원들이 백성을 달달 볶기 시작합니다. 백성을 달달 볶으면 음식이 물 흐르는 것처럼 한없이 쏟아져 나오게 되고, 천자와 신하들은 할 일을 잊고 유(流)와 연(連)과 황(荒)과 망(亡)에 빠지게 됩니다.
 물의 흐름을 따라 뱃놀이를 하며 내려가 돌아올 줄 모르는 것을 유라 하고, 배를 끌고 물의 흐름을 거슬러 올라가 돌아올 줄 모르는 것을 연이라 하고, 사냥에 정신이 팔려 세월 가는 줄 모르는 것을 황이라 하고, 술을 즐겨 술자리가 끝날 줄 모르는 것을 망이라고 합니다.
 옛날의 어진 임금들은 유와 연의 즐김이나 황과 망으로 자신을 잃는 행동이 없으셨습니다. 전하께서 각지를 유람하는 행차는 오로지 전하께서 하시기에 달렸습니다."
 안자의 말을 듣고 크게 기뻐한 경공은, 백성의 집에 머무르면서

정치론
백성의 마음을 얻어라

창고의 문을 열어 식량 부족에 허덕이는 백성들을 구제하고, 악사를 불러 백성들과 함께 즐길 수 있는 음악을 지으라고 했다.

☞ 제경공(齊景公) : 춘추 시대 제(齊)나라의 임금. 제선왕의 10대조.
☞ 안자(晏子) : 제나라의 대부(大夫). 어진 재상으로 이름이 높음. 이름은 영(嬰), 자는 중평(仲平).
☞ 낭야(琅邪) : 제나라 동남 국경에 위치한 고을의 이름.

어려운 백성을 도와 주라

맹자가 제나라 선왕에게 말했다.
"늙어 아내 없이 홀로 사는 것을 환(鰥)이라 하고, 늙어 남편 없이 홀로 사는 것을 과(寡)라 하고, 늙어 아들 없이 홀로 사는 것을 독(獨)이라 하고, 어린이가 아버지 없는 것을 고(孤)라 하는데, 이 네 가지 부류의 사람들은 세상에서 가장 어려운 사람들로 자신의 처지를 하소연할 데가 없는 사람들입니다. 전하께서 어진 정치를 펴시려면 먼저 이 네 부류의 사람들을 도와 주셔야 합니다."
"참으로 훌륭한 말씀입니다."
"전하께서는 좋다고 생각하시면서 왜 그것을 실행은 하지 않으십니까?"
"나는 재물을 좋아합니다. 그러니 세금을 많이 거두어야 하고 쓰는 데는 인색합니다. 이것이 나의 결점입니다."
"옛날에 주나라 문왕의 먼 조상이 되는 공류도 재물을 좋아했다고 합니다. 곡식을 창고에 가득 쌓고 남아돌아 노적까지 했는데, 마른 양식을 따로 마련해 자루에 담아 두고, 싸움터로 나가는 사람은 마른 양식을 먹게 하고, 남아 있는 사람은 창고에 있는 곡식을 먹게 했습니다. 전하께서 재물을 좋아하시더라도 백성들과 함께 나눈다면 무슨 문제가 되겠습니까."

"나는 여색을 좋아하는 버릇이 있습니다. 이 또한 나의 결점입니다."

"옛날에 주나라 문왕의 할아버지 고공단보는 여색을 좋아해 아내를 몹시 사랑했다고 합니다. '시경'에 보면 '고공단보가 북쪽 오랑캐에게 쫓겨 기산으로 옮겨갔을 때 강녀(姜女)와 함께 사셨다.'고 했습니다. 그러나 누구도 고공단보의 호색을 비방하는 사람이 없었습니다.

그 때는 백성들 가운데 남편 없는 여자나 아내 없는 남자가 없었기 때문입니다. 전하께서 여색을 좋아하시더라도 백성과 함께 하신다면 무슨 문제가 되겠습니까."

☞공류(公劉) : 주(周)나라의 선조인 후직(后稷)의 증손으로 문왕의 먼 조상.
☞고공단보(古公亶父) : 문왕의 할아버지. 무왕이 태왕(太王)으로 추존했다. 공류(公劉)의 9세손.
☞강녀(姜女) : 고공단보의 비인 태강(太姜)을 말한다.

인사 관리는 어떻게 해야 하나

맹자가 제나라 선왕에게 말했다.

"옛날부터 자라 온 큰 나무가 많다고 해서 '역사 깊은 나라' 라고 말하지 않습니다. 대대로 국가에 공훈이 있고 나라와 운명을 함께할 수 있는 신하들이 있는 나라를 가리켜 '역사 깊은 나라' 라고 말합니다. 그런데 전하께서는 대대로 왕실을 섬겨 온 신하는 물론이요, 가까이 두고 신임할 만한 신하도 없습니다. 어제 불러 쓴 신하가 오늘 떠나 버린 것도 알지 못하고 있습니다."

"내가 어찌 처음부터 그들이 무능하다는 것을 알 수 있었겠습니까. 나중에 보니 무능한 사람이었고, 무능함을 알면서 그대로 쓸 수는 없는 것 아닙니까."

제선왕의 물음에 맹자가 다음과 같이 말했다.

"한 나라의 임금으로서 신하를 골라 쓸 때는 신중해야 하므로, 신

정치론
백성의 마음을 얻어라

하를 골라 쓸 때는 마지못해 쓰는 것처럼 해야 합니다. 인사란 때로 벼슬이 낮은 사람을 지위가 높은 사람 위에 서게 하는 것이며, 또 생소한 사람을 친하고 가까운 사람의 위에 서게 하는 것이니 어찌 신중히 하지 않을 수 있겠습니까?

주위의 사람들이 '그 사람은 어진 인물이다' 라고 칭찬한다 해서 그를 곧바로 불러다 쓰면 안 됩니다. 온 나라 사람들이 '그 사람은 어진 사람이다' 라고 입을 모아 칭찬하는 사람이라면 그를 불러 시험해 보고, 어진 사람이라고 인정이 된 뒤에 써야 합니다. 그렇게 하면 누구도 그 사람이 자기보다 위에 섰다고 해서 불평하지 못할 것이며, 나라는 훌륭한 인재를 얻게 되는 것입니다.

사람을 내보낼 때도 신중히 해야 합니다. 주위의 사람들이 다 '그 사람 안 되겠다' 고 하더라도 내보내면 안 됩니다. 온 나라 사람들이 다 '그 사람 안 된다' 고 하면 눈여겨 살펴보고, 참으로 안 되겠다고 인정되면 그 때 내보내십시오. 이렇게 하면 인사가 공명정대하여 불평이 생기지 않고 좋은 인재를 많이 얻어 어진 정치를 베풀 수 있을 것입니다.

사람을 처형할 때도 주위의 사람들이 다 '죽여야 된다' 고 주장하더라도 죽여서는 안 됩니다. 온 나라 사람들이 다 '죽여야 된다' 고 주장하면, 그 때 가서 자세히 살펴보고, '이 사람은 죽이지 않으면 정말로 안 되겠구나' 판단되면 그 때 죽여도 늦지 않습니다. 이렇게 하면 그 죄인은 전하께서 죽인 것이 아니라 나라 사람들이 죽이는 것으로 됩니다.

  이와 같이 백성들의 뜻에 따라서 일을 처리하면 전하께서는 백성들의 부모가 될 수 있을 것입니다."

☞ **탕왕**(湯王) : 은(殷)나라의 탕임금. 하(夏)나라의 폭군인 걸(桀)왕을 정벌하여 남소(南巢)라는 곳으로 추방하였다. 성군(聖君)으로 일컬어진다.
☞ **무왕**(武王) : 은나라의 폭군인 주왕(紂王)을 토벌하고 천하를 통일하여 주왕조(周王朝)를 세운 임금.

정치론
백성의 마음을 얻어라

신하가 임금을 죽일 수 있는가

제나라 선왕이 맹자에게 물었다.

"제후였던 탕왕은 천자의 나라인 하나라의 걸왕을 내쫓고, 제후였던 무왕은 천자의 나라인 은나라의 주왕을 토벌했다고 합니다. 그와 같은 사실이 있었습니까?"

"옛 기록에 그렇게 씌어 있습니다."

"신하로서 임금을 죽인 일을 선생께서는 옳은 일이라고 생각하십니까?"

이 물음에 대해 맹자는 민본주의에 입각해 역성 혁명(易姓革命)을 인정했다.

"인(仁)을 해친 자를 적(賊)이라 하고, 의(義)를 해친 자를 잔(殘)이라 하고, 적과 잔을 일삼는 자를 필부라고 합니다. 그러므로 인과 의를 해친 주왕은 필부에 불과합니다. 나는 필부를 죽였다는 말은 들어 보았지만 임금을 죽였다는 말은 들어 보지 못했습니다."

정치론
맹자로 한국 살리기

백성의 참상을 남의 일 보듯 하면

　추나라의 목공이 맹자에게 물었다.
　"우리가 노나라와 싸워 졌습니다. 이 싸움으로 목숨을 잃은 신하가 서른 세 사람이나 되는데, 백성들은 아무도 이들을 구해 주려 하지 않고 자기들 목숨만 지키는 데 급급했습니다. 그래서 백성들의 불충을 물어 죄를 주려 해도, 그 수가 너무나 많아서 다 죄를 물을 수가 없습니다. 그렇다고 해서 그냥 모른 척 덮어 둔다면 앞으로도 그들은 윗사람이 죽는 것을 구경만 하고 구하려 하지 않을 것입니다. 이 일을 어떻게 처리하면 좋겠습니까?"
　"추나라에 흉년이 들어 굶주림이 심했던 때가 있었습니다. 늙은이와 어린이 들은 굶주림에 지쳐 방황하다가 도랑이나 구렁텅이에 빠져 죽어 갔습니다. 그리고 젊은이들은 살길을 찾아 사방으로 흩어져 버렸습니다. 그 비참한 광경은 차마 눈뜨고 볼 수 없을 지경이었습니다. 그 때 전하의 창고에는 곡식이 가득 쌓여 있었고,

재물 창고에는 귀중한 보화가 꽉 차 있었습니다.

전하의 신하들은 백성들의 참상을 남의 일 보듯 하면서, 백성의 처지를 임금께 보고하고 서둘러 백성들을 구제하려는 책임감 있는 사람이 아무도 없었습니다. 이것은 윗사람이 게을러 아랫사람을 못살게 만든 결과입니다.

증자는 '경계하고 또 경계하라. 네게서 나간 것은 네게로 돌아오느니.' 라고 말했습니다. 흉년이 들었을 때 벼슬아치들은 참혹하게 죽어 가는 백성들을 돌보지 않았으니, 이제 와서 그 보복을 당한 것입니다. 누구를 원망하겠습니까. 백성들이 벼슬아치들을 구해 주지 않았다고 해서 그들을 탓할 명분이 서지 않습니다.

전하께서 백성들을 사랑한다면 신하들도 백성들을 업신여기거나 학대하지 않고 사랑하려고 노력할 것입니다. 그렇게 되면 백성들도 윗사람을 공경하고 사랑하여 윗사람을 위해 목숨을 바치게 될 것입니다."

☞ 추목공(鄒穆公) : 추나라는 맹자가 태어난 나라. 목공은 당시 추나라의 임금.
☞ 노(魯) : 노나라. 공자가 태어난 나라.
☞ 증자(曾子) : 공자의 제자 증삼(曾參). 자는 자여(子輿). 공자의 도를 전하는 데 일인자였다. 중국 춘추 시대 노나라 사람. 공자의 제자 중에서 효가 뛰어났고, '대학'과 '효경'을 지었다. 유학에서 공자를 대성(大聖)이라 칭하고, 안자(顔子) 증자(曾子) 자사(子思) 맹자(孟子)를 아성(亞聖)이라 칭한다.

정치론
맹자로 한국 살리기

어진 정치란 어떤 것인가

공손추가 맹자에게 물었다.
"선생님께서 제나라의 요직에 오르신다면, 옛날에 제나라의 환공을 도와 패업을 이룩했던 관중이나, 경공을 도와 이름을 널리 드날린 안자와 같은 업적을 쌓을 수 있겠는지요?"
"너는 어쩔 수 없는 제나라 사람이구나. 관중과 안자만 알고 있으니 말이다."
맹자는 언짢은 듯이 말하고 다음과 같은 이야기를 해 주었다.

어떤 사람이 공자의 제자인 증삼의 손자 증서에게
"공자의 제자 자로와 선생은 어느 편이 더 어진 사람입니까?"
하고 물었더니, 증서는 몸둘 바를 모르면서 "자로는 우리 할아버님께서도 두려워하시던 어른이오." 하고 대답했다.
그 사람이 다시 증서에게 "그렇다면 선생과 관중과는 어느 편이

정치론
백성의 마음을 얻어라

더 어진 분입니까?" 하고 물었다.
 증서는 발끈 화를 내면서 "그대는 어찌 나를 관중에 비교하는가. 관중은 환공의 신임을 받아 40년 동안이나 제나라의 정치를 도맡았으면서도 고작 한 일이라고는 그의 임금을 패자로 만드는 데 그친 위인인데, 그대는 어찌하여 나를 그와 같은 사람에게 비교하려 드는가." 하고 낯을 붉혔다.

 공손추가 맹자에게 다시 물었다.
 "관중은 환공을 도와 패자가 되게 했으며, 안자는 경공을 도와 이름을 천하에 드러나게 했습니다. 신하로서 큰 공을 이룬 관중과 안자가 아닙니까? 어쨌든 그들은 본받을 만한 인물이 아니겠는지요."
 "당시에 제나라는 강대한 나라였다. 그러니 천하를 제패하는 일쯤이야 손바닥을 뒤집는 것처럼 쉬운 일이었지. 힘센 나라의 임금을 패도로써 도왔으니 관중의 업적을 대단한 것이라고 인정할 수 없는 까닭이 여기에 있다."
 "그렇다면, 주나라의 문왕은 어진 덕을 가지고 1백 년이나 나라를 다스렸지만 천하를 얻지 못했고, 그의 아들인 무왕과 주공이 계승하여 비로소 천하를 얻었습니다. 선생님의 말씀처럼 천하를 얻기가 쉬운 일이라면, 그렇게 쉬운 일을 이루지 못한 문왕도 본받을 만한 인물이 아니라는 말씀입니까?"
 "은나라는 탕왕에서 무정에 이르기까지 어진 성군이 일곱 명이나 나와 천하가 은나라 밑으로 들어간 역사가 깊었다. 무엇이나 오래 되면 바꾸기 어려운 법이다. 무정이 제후들의 조회를 받고 천하를 통치하기는 손바닥을 움직이는 것처럼 쉬웠을 것이다.

주왕이 아무리 포악했다 해도 무정의 시대에서 멀지 않았고, 옛날부터 내려오는 좋은 풍습, 전통, 그리고 어진 정치의 따뜻한 기운이 아직 남아 있었으며, 또 미중, 비간, 기자, 교격 같은 어질고 충성스러운 신하들이 보좌했기 때문에 주왕이 나라를 잃는 데는 오랜 시간이 걸렸던 것이다.

한 평의 땅이라도 주왕의 땅이 아닌 곳이 없었으며, 한 사람의 백성이라도 주왕의 백성 아닌 사람이 없는 그런 조건에서, 문왕은 사방 1백 리밖에 안 되는 작은 땅에서 일어났으니, 주왕을 제거하고 천하를 얻는다는 것이 어찌 쉬운 일이었겠는가."

☞ 공손추(公孫丑) : 제나라 사람으로 맹자의 제자. 공손은 성, 추는 이름.
☞ 제환공(齊桓公) : 춘추 시대 제나라의 임금으로 오패(五覇)의 한 사람.
☞ 관중(管仲) : 춘추 시대 제나라의 정치가. 제나라 환공을 도와 뛰어난 공적을 쌓았음. 법가(法家)의 선구자. 이름은 이오(夷吾), 중(仲)은 그의 자.
☞ 증서(曾西) : 공자의 제자인 증삼(曾參)의 손자.
☞ 자로(子路) : 공자의 제자 중유(仲由). 노나라 사람으로 정직하고 용감했다.

임금이 백성을 사랑하면 천하를 얻을 수 있다

맹자가 공손추에게 말했다.

"제나라 속담에 '지혜가 있더라도 시세에 편승하지 않으면 성공할 수 없고, 아무리 좋은 농기구를 가지고 농사를 짓는다 하더라도 때를 맞추지 않으면 수확의 기쁨을 얻을 수 없다.'는 말이 있다. 지금 이 시기에 제나라야말로 앞날이 아주 쉽게 풀려 나갈 수 있는 시기를 맞았다고 볼 수 있다.

옛날에 하나라, 은나라, 주나라는 한창 융성했을 때라도 영토가 1천 리를 넘지 않았는데, 제나라는 이미 그만한 땅을 차지하고 있지 않은가. 인구도 많아서 닭 우는 소리 개 짖는 소리가 이 마을에서 저 마을까지 들리고 그렇게 이어 들리는 소리가 사방 국경 지대에까지 들릴 정도다. 이만 하면 땅을 더 늘리고 백성을 더 모으려 애쓰지 않아도 어진 정치만 베푼다면 천하의 백성들이 제나라로 몰려드는 것을 누구도 말리지 못할 것이다.

정치론
맹자로 한국 살리기

　백성을 사랑하는 어진 임금이 나오지 않은 지가 이렇게 오래 된 적이 없었으며, 천하의 백성들이 이처럼 무서운 학정에 시달린 적이 일찍이 없었다. 배고픈 자에게 음식을 주고 목마른 자에게 물을 주는 일처럼 쉬운 일이 또 어디 있겠는가. 그들은 허겁지겁 달려들어 먹고 마시려 할 터이니 말이다.
　공자께서도 '어진 덕이 퍼져 나가는 것은 말을 타고 명령을 전하는 것보다 빠르다.' 고 말하셨다.
　주나라 문왕 시절보다 시대적 배경이 훨씬 유리한 이 시기에 제나라 같은 강대국이 어진 정치를 베풀면, 천하의 백성들이 기뻐하기를 마치 쇠사슬에 거꾸로 매달린 사람이 풀려난 것처럼 좋아할 것이다. 그러면 큰 힘 들이지 않고 천하를 얻는 큰 뜻을 이룰 수 있지 않겠는가. 그러므로 '일은 옛 사람의 반밖에 하지 않고도 공적은 그 배가 되리라.' 는 말은 이 때를 두고 하는 말이다."

정치론
백성의 마음을 얻어라

덕으로 복종시키는 것과 힘으로 복종시키는 것

맹자가 말했다.

"패자는 무력으로 남의 나라를 정복하고, 어진 사람인 척 가장한다. 패자가 되려면 나라가 커야 한다. 남의 나라를 정복하려면 많은 군사가 있어야 하고 경제력이 풍부해야 한다.

은나라의 탕왕은 겨우 70리밖에 안 되는 작은 나라에서 일어나 하나라의 폭군 걸왕을 쫓아내고 천하의 왕자가 되었다. 그리고 주나라의 문왕은 1백 리밖에 안 되는 작은 나라에서 일어나 천하의 3분의 2를 차지하는 큰 나라를 세우고, 그의 아들인 무왕은 은나라의 폭군 주왕을 멸하고 어지러운 천하를 바로잡았다.

힘으로써 남을 복종시키면, 마음으로 복종하는 것이 아니라 힘이 모자라 할 수 없이 복종하는 것이다. 그러나 덕으로써 남을 복종시키면, 70명의 제자가 공자에게 복종한 것처럼 진심으로 복종하게 된다.

'시경' 대아 문왕유성편에 '서쪽에서나 동쪽에서나 남쪽에서나 북쪽에서나 복종하지 않는 자가 없네.' 라고 한 것은 천하의 백성들이 다 문왕의 덕을 사모하여 스스로 복종해 왔다는 말이다."

정치론
백성의 마음을 얻어라

어진 정치를 베풀면

맹자가 말했다.

"어진 정치를 베풀면 나라가 번영하고, 어진 정치를 베풀지 않으면 나라에 치욕이 따른다. 치욕을 싫어하면서 어진 정치를 베풀지 않는 것은, 마치 습한 것을 싫어하면서 물이 괴는 낮은 곳에 머물러 있는 것과 같다.

욕된 것을 싫어한다면 도덕을 숭상하고 유능한 인재를 존중하는 것만이 치욕을 멀리 하고 번영을 불러 오는 지름길이다.

어진 이가 요직에 있고 유능한 인재들이 중요한 직책을 맡는다면 경제적으로나 시간적으로 여유가 생겨 국가가 평온 무사할 것이다. 이렇게 여유가 있을 때 나라의 질서를 바로잡고 민생의 번영을 꾀하면, 큰 나라도 겁을 내고 감히 건드리려 하지 못할 것이다.

'시경' 빈풍 치효편에 '날이 흐리고 비가 오기 전에 뽕나무 뿌리를 캐고 껍질을 벗겨 드나드는 문을 얽어매 놓으면 나무 아래 있는 사람 중에 누가 감히 업신여기랴.' 라고 했다. 공자께서 말씀하시기를 '이 시를 지은 이는 도를 아는 사람이다. 그 나라를 잘 다스리는 데에야 누가 감히 업신여기겠는가.' 라고 감탄하셨다.

　나라가 평온해서 여유가 생기면 환락에 도취해서 게을러지고 교만해지기 쉬운데, 이것이 곧 스스로 재앙을 불러들이는 행위다.

　화나 복은 하늘이 주는 것이 아니라 스스로 구하는 것이다.

　'서경'의 태갑편에 '하늘에서 내리는 재앙은 피할 수 있으나, 스스로 불러 온 재앙은 피할 수 없다네.' 라고 했는데, 이는 이러한 사실을 두고 하는 말이다."

다른 나라 백성들을 우리 나라로 와서 살게 하려면

맹자가 말했다.

"다른 나라 백성들을 우리 나라로 와서 살게 하는 데는 다섯 가지 방법이 있다.

첫째, 어진 사람을 존경하고 유능한 선비를 발탁해 덕망 있는 사람들을 벼슬자리에 앉히면, 천하의 선비들이 우리 나라 조정에서 일하고 싶어 몰려올 것이다.

둘째, 시장에서 점포세만 받고 물품세를 받지 않거나, 한 걸음 더 나아가 장사가 잘 되게 지도해 주고 부정 행위를 단속할 뿐 점포세마저 받지 않는다면, 천하의 장사꾼들이 우리 나라 시장에서 장사하려고 몰려올 것이다.

셋째, 국경의 관문에서 첩자나 범법자를 색출하기 위해 통행자를 살피기는 하되 통행세를 받지 않는다면, 천하의 여행하는 사람들이 다 그 길로 다니고 싶어할 것이다.

넷째, 농사짓는 사람에게 공전(公田)의 수확만을 바치게 하고, 사전(私田)에 대해서는 세금을 받지 않는다면, 천하의 농사꾼들이 우리 나라 들에서 농사지으려고 몰려올 것이다.
 다섯째, 부역 대신 바치는 베나, 뽕나무를 심지 않는 벌로 바치는 베를 거둬들이지 않는다면, 천하의 백성들이 우리 나라의 백성이 되려고 몰려올 것이다.
 이와 같은 다섯 가지의 방법을 실행한다면 다른 나라 백성들까지 우리 나라의 임금을 마치 부모처럼 우러르고 존경하여 따를 것이다.
 이 때 이웃 나라가 우리 나라를 침공한다면, 그것은 마치 아들로 하여금 부모를 치게 하는 것과 같으니, 어떻게 이길 수 있겠는가. 이렇게 된다면 천하에 대적할 자가 없을 것이다.
 천하에 대적할 자가 없는 이를 하늘이 보낸 사람이라고 한다. 하늘이 보낸 사람으로서 임금 노릇 못 한 이는 아직 없었다."

정치론
백성의 마음을 얻어라

받아도 좋은 돈과 받으면 안 되는 돈

진진이 스승인 맹자에게 물었다.

"저는 선생님께서 하신 일 가운데 궁금한 것이 있습니다. 선생님은 제나라에 계실 때 임금이 보낸 황금을 받지 않으셨는데, 송나라에 계실 때는 임금이 보낸 황금을 받으셨고, 설나라에 계실 때도 임금이 보낸 황금을 받으셨습니다. 제나라 임금이 보낸 황금을 받지 않으신 것이 옳은 일이라면, 송나라나 설나라 임금이 보낸 황금을 받은 것은 옳지 않은 일이 아니겠는지요? 또 송나라나 설나라의 임금이 보낸 황금을 받은 일이 옳은 일이라면, 제나라 임금이 보낸 황금을 받지 않은 것은 옳지 않은 일이 아니겠는지요? 저로서는 선생님이 하신 일이 이해가 가지 않습니다."

"내가 송나라에 있을 때는 마침 먼 길을 떠나려는 때였다. 길 떠나는 사람에게는 노자가 필요한 것이다. 길 떠나는 사람에게 노자를 보태 주는 것은 보내는 사람의 예의이다. '노자에 보태십시오.'

하고 황금을 보냈으니 내가 어찌 그 황금을 받지 않을 수 있겠는가.
 설나라에 있을 때 나는 신변의 위험을 느껴 항상 조심하는 마음을 가지고 있었는데, 설나라 왕이 '신변을 보호하는 경비에 보태 쓰십시오.' 하고 황금을 보냈는데, 내가 어찌 그것을 받지 않을 수 있겠는가.
 그러나 제나라 왕이 준 황금은 내가 받을 만한 까닭이 없었다. 조건 없이 주는 돈은 상대방을 매수하려는 의도가 담긴 것이다. 내가 어찌 재물에 매수당할 수 있겠는가."

☞진진(陳臻) : 맹자의 제자로서 진자(陳子)라고도 한다.

요순의 도라도 실천이 따르지 않으면

맹자가 말했다.

"고대 황제(黃帝) 때 전설 속의 인물로 눈이 아주 밝았다는 이루의 밝은 시력과, 노나라 사람으로 손재주가 좋았다는 공수반의 교묘한 기술로도, 원을 그리고 네모를 그릴 때 도구를 쓰지 않으면 완전한 둥근 것과 완전한 모난 것을 만들 수 없고, 진(晉) 나라 때 청각이 매우 예민했다고 알려진 사광의 귀로도 육률을 쓰지 않으면 오음을 바르게 할 수 없다. 이와 마찬가지로 요임금 순임금의 도(道)로도 어진 정치를 베풀지 않으면 천하를 평화롭게 다스릴 수 없다.

임금이 어진 마음을 가지고 있고, 어진 정치를 베푼다는 소문을 듣는다고 하더라도, 백성들이 혜택을 입지 못해 모범이 될 만한 법도로 삼을 수 없는 것은, 앞선 요임금 순임금의 도를 실천하지 않기 때문이다. 그래서 '실천이 따르지 않는 형식적인 법도나 착하기만 한 것으로는 정치를 하기에 부족하다.'고 말하는 것이다.
 위정자들이 만사를 바르게 헤아리지 않고, 위정자들이 의리를 어기고, 백성들이 법을 어기는 그런 나라가 망하지 않은 것은 요행일 뿐이다.
 '견고하지 않은 성곽, 많지 않은 무기가 나라의 재앙을 가져오는 것이 아니고, 묵혀 있는 논밭이 나라의 재앙을 가져오는 것도 아니다. 위정자들이 무례하고 백성들이 배우지 않으면, 도둑의 무리가 일어나 나라의 멸망이 눈앞에 다가오는 것이다.'라는 말을 명심해야 할 것이다."

☞ 이루(離婁) : 고대 중국의 임금인 황제(黃帝) 때에 눈이 아주 밝았다는 전설상의 인물.
☞ 공수반(公輸般) : 공수는 성, 반은 이름. 공수자(公輸子)라고도 한다. 춘추 시대 노나라의 뛰어난 공장(工匠)으로 세공(細工)의 명인으로 알려졌다.
☞ 사광(師曠) : 사는 벼슬 이름으로 태사(太師)를 말하고, 광은 이름. 진(晉)나라 평공(平公) 때의 사람으로, 청각이 아주 예민하게 잘 발달된 음악가였다.

정치론
백성의 마음을 얻어라

임금이 백성에게 포악하게 굴면

　맹자가 말했다.
　"임금 노릇을 하고자 하면 임금의 도리를 다해야 하고, 신하가 되고자 하면 신하의 도리를 다해야 한다. 그런데 이 두 가지는 모두 요임금과 순임금의 도를 모범으로 삼아야 한다.
　순이 요임금을 섬기던 방법으로 임금을 섬기지 않으면 그것은 임금을 공경하지 않는 것이요, 요임금이 백성을 다스리는 방법으로 백성을 다스리지 않으면 그것은 백성을 해치는 것이다.
　공자께서 말씀하시기를 '도는 두 가지이니 어진 것과 어질지 않은 것이 있을 따름이다.' 라고 하셨다.
　임금이 백성에게 포악하게 구는 정도가 너무 심하면 자기 자신이 시해되고 나라는 망하며, 그다지 심하지 않으면 몸은 위험해지고 나라의 체면이 깎인다.
　임금이 백성을 괴롭힌 까닭으로, 어두운 임금에게 붙여지는 유왕(幽王)이나 포악한 임금에게 붙여지는 여왕(厲王)과 같은 시호가 지어지면, 그 악명은 1백 세대를 지나더라도 지워지지 않을 것이다."

☞유왕・여왕(幽王厲王) : 유(幽)는 어두운 임금에게, 여(厲)는 포악한 임금에게 붙이던 시호(諡號). 서주(西周) 말기의 유왕(幽王)과 여왕(厲王). 두 임금이 다 폭군으로 이름이 높다.

정치론
백성의 마음을 얻어라

어질지 못하면 나라까지도 잃는다

맹자가 말했다.

"하, 은, 주(夏殷周) 3대는 어진 정치를 베풀었기 때문에 천하를 얻었고, 어질지 못한 정치를 했기 때문에 천하를 잃었다. 제후의 나라가 흥성하고 멸망하는 이치 또한 이러하다.

천자가 어질지 못하면 천하를 지키지 못하고, 제후가 어질지 못하면 사직을 지키지 못하며, 벼슬아치가 어질지 못하면 종묘를 지키지 못하고, 선비나 백성이 어질지 못하면 자기의 몸을 제대로 지키지 못한다.

죽음과 멸망을 싫어하면서도 어질지 못한 짓을 한다면, 술 취해 하는 주정을 싫어하면서도 술을 마시는 것과 같다."

정치론
맹자로 한국 살리기

맹자가 말했다.

"세상이 바르게 돌아가면, 덕이 적은 사람은 덕이 많은 사람의 다스림을 받고, 조금 현명한 사람은 많이 현명한 사람의 다스림을 받는다.

세상이 바르게 돌아가지 않으면, 작은 나라는 큰 나라의 다스림을 받고, 약한 나라는 강한 나라의 다스림을 받는다.

이 두 가지 사실은 자연의 이치이다. 이 이치를 따르면 살아남고, 이 이치를 거역하면 멸망한다.

제나라 경공은 '다른 나라에 명령할 능력도 없고, 그렇다고 다른 나라의 명령도 받으려고 하지 않는다면, 그것은 국교를 단절하는 것이다.' 라고 말하고는 눈물을 흘리면서 딸을 남쪽 미개한 오나라에 시집보냈다.

오늘날에는 작은 나라가 큰 나라 섬기기를 수치로 여기니, 그것

정치론
백성의 마음을 얻어라

은 마치 제자가 스승의 말씀에 따르는 것을 수치로 여기는 것과 같다.

공자께서는 '임금이 어진 정치를 좋아하면 세상에 대적할 상대가 없다.' 고 말하셨다.

그런데 오늘날 제후들은 세상에 자기와 대적할 자가 없기를 바라면서도 어진 정치를 베풀지 않고 있으니, 그것은 마치 뜨거운 것에 손을 데고도 찬 물에 손을 담그지 않는 것과 같다."

정치론
맹자로 한국 살리기

백성의 마음을 얻으면 천하를 얻는다

맹자가 말했다.

"걸왕과 주왕이 천하를 잃은 까닭은 백성을 잃었기 때문이고, 백성을 잃은 까닭은 백성의 마음을 잃었기 때문이다.

백성을 얻으면 천하를 얻고, 백성의 마음을 얻으면 백성을 얻는다. 백성의 마음을 얻으려면 백성이 원하는 것을 주고, 백성이 싫어하는 것은 하지 않으면 된다.

백성들은 어진 이에게 의지하려는 속성을 갖고 있다. 그 속성은 마치 물이 아래로 흐르고, 짐승이 넓은 들판으로 달려가는 것과 같다.

연못으로 물고기를 몰아 주는 것은 수달이요, 숲으로 새를 몰아 주는 것은 새매요, 탕임금과 무왕에게 백성을 몰아 준 것은 걸왕과 주왕이었다.

오늘날 천하의 임금들 가운데 어진 정치를 베푸는 이가 있으면,

다른 임금들은 자기 백성을 몰아다 그에게 주는 꼴이 될 것이다.
 오늘날 천하를 가지고자 하는 임금은, 7년 묵은 병을 고치기 위해 3년 동안 말린 쑥을 구하는 것과 같이 하면 된다. 미리 마련해 두지 않으면 죽을 때까지 얻지 못할 것이다. 이와 마찬가지로 어진 정치에 뜻을 두지 않은 임금은 죽을 때까지 근심하고 욕만 보다가 죽음의 구렁텅이로 빠지고 말 것이다."

☞ 걸왕·주왕(桀王紂王) : 걸왕은 하나라 마지막 왕으로 학정(虐定)을 일삼다가 은(殷)나라 탕왕(湯王)에게 멸망되었고, 주왕은 은나라 마지막 왕으로 역시 학정을 일삼다가 주나라 무왕에게 토벌되었다. 두 임금을 아울러 폭군의 대명사로 쓴다.

순임금은 동이 사람이다

맹자가 말했다.

"순임금은 저풍이라는 곳에서 태어나 부하라는 곳으로 옮겨 가 살다가 명조라는 곳에서 돌아가셨다. 그는 동이(東夷) 사람이다.

문왕은 기주라는 곳에서 태어나 필영이라는 곳에서 돌아가셨다. 그는 서이(西夷) 사람이다.

이 두 성인이 태어난 땅의 거리가 천 리보다 멀고 태어난 시대의 차이가 천 년보다 멀었으나, 뜻을 얻어 인의(仁義)의 대도를 펼친 것은 마치 둘로 나뉜 신표를 맞춘 것과 같았다.

앞의 성인과 뒤의 성인이 천하에 펼친 도리는 다 같은 것이다."

정치론
백성의 마음을 얻어라

정치를 할 줄 모르는 사람

맹자가 말했다.

"춘추 시대 정나라의 명재상으로 알려진 자산은 자신이 타고 다니는 수레로 강을 건너는 사람들을 태워 건네 주었다고 한다. 자산은 은혜를 베풀었다 하겠으나 정치할 줄은 모르는 사람이었다.

농한기인 11월에는 사람들이 다닐 다리를 놓고, 12월에는 수레가 다닐 다리를 놓았다면, 백성들이 강 건널 걱정은 하지 않았을 것이다.

그런데 자산은 일일이 한 사람 한 사람 건네 주려고 했으니, 정치를 하는 사람이 백성들을 일일이 다 기쁘게 해 주려 한다면 날마다 그 일만 해도 모자랄 것이다."

☞ 자산(子産) : 춘추 시대 정나라의 대부 공손교(公孫僑). 명재상으로 알려졌다.

② 경제론
백성이 잘사는 나라

백성을 굶주리지 않게 하려면 / 생업이 안정돼야 민심이 안정된다 / 정전법이란 어떤 제도인가 / 사람은 저마다 할 일이 따로 있다 / 물건값은 양으로 매겨야 하나 질로 매겨야 하나 / 노동하지 않는 선비는 무얼 먹고 살아야 하나 / 좋은 제도는 당장 시행하라 / 살림이 넉넉해지면 민심도 좋아진다 / 세금은 적게 받을수록 좋다

경제론
맹자로 한국 살리기

백성을 굶주리지 않게 하려면

양혜왕이 맹자에게 물었다.

"나는 온 정성을 다 기울여 나라를 다스리고 있습니다. 예를 들어 하내 지방에 흉년이 들어 그 지방 백성들이 굶주리면, 풍년이 든 하동 지방으로 옮겨 살게 하고, 미처 옮겨 가지 못한 백성들을 위해서는 하동 지방의 남는 곡식을 하내 지방으로 보내 굶주림을 면하게 해 줍니다. 이웃 나라에서는 나처럼 백성을 위해 마음을 써 주는 것 같지가 않습니다. 그런데도 이웃 나라의 백성들이 우리 나라로 살러 오지 않습니다. 그 까닭이 무엇일까요?"

"전쟁에 비유하여 말씀드리겠습니다. 두 나라 군사가 뒤엉켜 싸우다가 한쪽이 밀리기 시작했습니다. 밀리는 쪽 군사들이 다투어 갑옷을 벗어 던지고 달아나는데, 어떤 자는 1백 걸음을 달아나다 멈추고 어떤 자는 50걸음을 달아나다 멈추었습니다. 그런데 50걸음 달아난 자가 1백 보 달아난 자를 비겁한 자라고 비웃었습니다.

경제론
백성이 잘사는 나라

전하께서는 이것을 어떻게 생각하십니까?"
 "50걸음 달아난 자가 1백 걸음 달아난 자를 비웃는다는 것은 옳지 않습니다. 50걸음을 달아났거나 1백 걸음을 달아났거나 달아난 것은 마찬가지입니다."
 "전하께서 이런 이치를 아신다면 이웃 나라 백성이 줄지 않고 이 나라의 백성이 늘지 않는 것을 불평하지 마십시오. 왜냐 하면 전하께서는 백성들의 굶주림을 근본적으로 해결해 주지 않고, 다만 일시적으로 굶주림을 해결해 준 것 뿐이었습니다. 일시적인 미봉책은 아무것도 하지 않는 정책과 1백 걸음이냐 50걸음이냐 하는 차이와 같은 것입니다."

 맹자는 백성들을 잘살게 할 구체적인 정책을 예를 들어 말했다.
 "첫째, 농사짓는 때를 놓치지 않게 해야 합니다. 전쟁을 일으켜 백성을 싸움터에 몰아넣거나 토목 공사를 일으켜 백성들을 부역에 징발하면 농사짓는 때를 놓치게 됩니다. 백성들이 철에 맞추어 농사를 지어야 제대로 수확을 거둘 수 있고, 그래야 굶주리지 않게 되는 것입니다.
 둘째, 물고기 잡는 데는 크기를 제한해야 합니다. 많이 잡을 것만 생각하고 그물눈을 촘촘하게 쓰면 새끼고기까지 싹 쓸어 잡기 때문에 많은 수확을 얻을 수 있겠지만, 고기의 씨가 말라 다음에는 고기를 잡을 수 없게 됩니다.

경제론
맹자로 한국 살리기

　셋째, 산에서 나무를 베는 것도 시기를 정해 주어 남벌을 막아야 합니다. 그래야 좋은 재목을 키워 필요한 데에 쓸 수 있습니다.
　곡식과 물고기가 풍부해서 백성들이 배불리 먹을 수 있게 되고, 재목을 필요할 때 구해 쓸 수 있으면, 백성들은 부모를 봉양하고 처자를 양육하는 데 부족함 없이 안정된 생활을 할 수 있고, 죽은 이의 장례도 잘 치를 수 있을 것입니다.
　사람의 나이 50세가 되면 노쇠기에 접어들어 비단옷이 아니면 추위를 견디기 어려워집니다. 그러므로 텃밭에 뽕나무를 심어 누에를 치게 해서 50대의 늙은이가 비단옷을 입게 해야 합니다.
　사람의 나이 일흔이 되면 노쇠해져서 고기를 먹어야 몸을 지탱할 수 있습니다. 가축을 길러 번식시키는 시기를 잃지 않아야만 일흔 넘은 노인에게 고기를 대접할 수 있습니다.
　늙은 사람을 모시는 일만 그러하겠습니까. 헐벗거나 굶주리는 백성이 한 사람이라도 있어서는 안 됩니다. 집집마다 1백 묘의 땅에 농사를 짓게 해서 식구 많은 가족이라도 굶주리지 않고 살게 해 주어야 합니다.
　이렇게 백성들의 생활을 안정시킨 다음에는, 예의를 숭상하고 도덕심을 높이도록 가르쳐야 합니다. 교육을 잘 받은 젊은이들은 머리가 허옇게 센 늙은이가 짐을 지고 다니지 않게 할 것입니다.
　50대의 늙은이가 비단옷을 입게 되고, 70대의 노인이 고기를 먹고 싶은 대로 먹을 수 있게 되며, 백성들이 굶주리거나 헐벗지 않

경제론
백성이 잘사는 나라

게 된 뒤에야 비로소 왕의 책임을 다 했다 할 것입니다.

흉년이 들어 백성들이 굶어 죽어 가는데, 잘사는 집에서는 사람도 못 먹는 곡식을 개나 돼지에게 먹여도 전하께서는 이것을 막지 않았으며, 길거리에 굶어 죽은 시체가 널려 있어도 나라의 창고를 열어 구휼하는 데는 인색했습니다.

뿐만 아니라 '내 잘못이 아니라 흉년이 들었기 때문이다.' 하면서 책임을 하늘에다 전가했습니다. 이런 태도는 칼로 사람을 찔러 죽이고는 '내가 사람을 죽인 것이 아니라 칼이 사람을 죽인 것이다.' 하면서 죄를 칼에다 돌리는 것과 무엇이 다르겠습니까. 전하께서 백성이 굶주리는 탓을 하늘에다 돌리지 않으신다면 이웃 나라 백성뿐 아니라 천하의 백성이 다 모여들 것입니다."

경제론
맹자로 한국 살리기

생업이 안정돼야 민심이 안정된다

등나라 문공이 맹자에게 '어떻게 하면 나라를 잘 다스릴 것인가'를 물었다.

맹자는 이렇게 대답했다.

"백성들이 농사를 소홀히 해서는 안 됩니다. '시경' 빈풍 칠월편에 '낮에는 띠풀을 해 오고 밤에는 새끼를 꼬아 지붕을 이어라. 그런 다음 곡식의 씨를 뿌려라.'라고 했습니다.

백성들은 생업이 있어야 변함없는 마음을 가질 수 있습니다. 일정한 생업이 없으면 변함없는 마음을 가질 수 없습니다. 변함없는 마음이 없으면 방탕, 편벽, 사악, 사치 등 온갖 잡스러운 일에 빠지게 됩니다.

이렇게 죄에 빠진 후에 처벌한다면, 백성들을 그물 쳐 잡는 것이나 다름이 없습니다. 어찌 어진 임금이 백성들을 그물 쳐 잡는 일을 할 수 있겠습니까.

현명한 임금은 공손하고 검약하여 아랫사람에게도 예로써 대하며, 백성들에게서 세금을 거두는 데에도 법을 따랐습니다.

노나라 사람 양호는 '부를 이루자면 바르게 살 수 없고, 바르게 살자면 부를 이룰 수 없다.'고 말했습니다.

하나라에서는 백성들에게 50묘의 밭을 주어 공법(貢法)으로 세금을 내게 했고, 은나라에서는 70묘를 주어 조법(助法)으로 세금을 내게 했고, 주나라에서는 1백 묘를 주어 철법(徹法)으로 세금을 내게 했는데, 모두 수확량의 10분의 1을 세금으로 내게 하는 법입니다.

공법이란 여러 해의 수확량을 평균해서 기준을 삼는 것이고, 조법이란 힘을 빌려 조력한다는 뜻입니다. 철법이란 함께 갈고 함께 거두어 똑같이 나누는 것을 말합니다. 세법의 기준으로는 조법이 가장 좋고 공법이 가장 나쁘다고 할 수 있습니다.

공법으로 세금의 기준을 삼으면 풍년든 해에는 낟알이 여기저기 굴러다닐 정도이므로 세금을 받아 내도 원성이 없고, 기준대로만 받아 가니 수확에 비해 적게 내는 셈이 됩니다. 그러나 흉년이 들었을 때는 문제가 많은 제도입니다. 수확량이 종자값에도 미치지 못하건만 세금은 기준대로 받아 갑니다.

일 년 내내 힘들여 일하고도 세금을 내고 나면 늙은 부모 봉양조차 할 수 없고, 나라에서는 기근을 막아 준답시고 식량을 빌려 주었다가 이듬해에는 이자까지 쳐서 받아 갑니다. 그러니 백성들의 부담은 더욱 늘어나서, 늙은이와 어린것 들을 시궁창이나 구렁 으로 들어가 죽게 만듭니다. 그런 임금을 어찌 백성들의 부모라고 할 수 있겠습니까.

인륜을 밝히려면 상(庠), 서(序), 학(學), 교(敎)를 설치하여 백성들을 가르치십시오. 상은 노인을 존경한다는 뜻이고, 서는 활 쏘기를 익힌다는 뜻이고, 교는 백성들을 교도한다는 뜻입니다. 하 나라에서는 교라 하였고, 은나라에선 서라 하였고, 주나라에서는 상이라 했는데, 배우는 것은 모두 같았습니다.

위에서 인륜이 밝혀지면 아래에서 백성들은 화목하게 삽니다. 다른 큰 제후국에서 왕자(王者)가 나오면 우리 등나라에 와서 이 법을 본받을 것이니, 작은 등나라가 큰 왕자 나라의 스승이 되는 셈입니다.

지금까지 말씀드린 바를 잘 실행한다면 전하께서는 나라를 새 롭게 할 수 있을 것입니다."

☞ 상서(庠序) : 지방에 설치한 학교. 곧 향교. 은나라 때는 '상', 주나라 때는 '서' 라고 했다.

정전법이란 어떤 제도인가

 등나라의 문공이 맹자에게 정전법(井田法)에 대해 물으니 맹자는 이렇게 설명했다.
 "어진 정치는 논밭의 경계를 바로잡는 데서부터 시작됩니다. 논밭의 경계를 바로잡아 놓지 못하면 정전이 고르지 않고, 관리에게 주는 녹봉도 불공평해집니다. 그렇기 때문에 폭군이나 탐관오리는 그 일을 게을리 하여 흐지부지하게 만들어 놓습니다.
 논밭의 경계를 바르게 해 놓으면 논밭을 나누고 관리의 녹봉을 정하는 일은 가만히 앉아서도 할 수 있는 일이 됩니다.
 시골의 농지는 9백 묘에 한 공전(公田)을 두는 조법을 실시하여 9분의 1을 세금으로 거두고, 성 안의 땅은 좁아서 구획이 어려우므로 철법을 실시하여 10분의 1의 세금을 거두십시오.
 벼슬아치들에게는 조상 제사에 쓸 곡식을 마련하라고 50묘씩의 규전(圭田)을 주십시오. 그리고 세대주 외의 장부에게는 25묘의 땅을 주십시오.

　같은 고장에 살면서, 같은 논밭에 농사를 지으면서, 같은 정전을 가꾸면, 나가 일하고 들어와 쉬는 데도 서로 무리를 이루어 다니니 도둑이나 재난을 막을 수 있고, 질병이 생겼을 때도 서로 간호해 주면, 백성들은 화목해질 것입니다.

　사방 1리에 한 정전을 두는데 한 정전은 9백 묘입니다. 정전의 한복판에 있는 땅을 공전으로 하고, 8가구가 각각 1백 묘씩을 자기 몫으로 하고, 함께 공전을 가꾸는데, 공전의 일을 마친 뒤에야 사전(私田)을 가꾸게 합니다.

　이와 같은 것이 정전법의 대략입니다. 이 제도를 잘 유지하느냐 유지하지 못하느냐 하는 것은 임금에게 달렸습니다."

☞정전법(井田法) : 9백묘(九百畝)를 한 정(井)으로 하고 이것을 1백묘씩 9구로 나누어 한가운데의 1구를 공전(公田)으로 하고, 나머지 8구를 사전(私田)으로 하여 8농가에 분배하였다. 각 농가는 1백묘의 사전에서 나오는 수확은 자신이 갖고 가운데 1구의 공전은 8농가가 공동으로 경작하여 조세로 국가에 바치는 것으로 결국 조세는 전 경작면적의 9분의 1이다.

경제론
백성이 잘사는 나라

사람은 제마다 할 일이 따로 있다

　초나라 사람 허행은 등나라의 문공이 어진 정치를 베푼다는 말을 듣고, 수십 명의 제자를 거느리고 등나라에 와서 살았다.
　허행은 신농씨의 가르침을 실행하는 사람이다. 신농씨는 맨 처음 농기구를 만들었고, 씨 뿌려 농사짓는 법을 백성들에게 가르쳤고, 자신도 백성들과 어울려 농사를 지었다는 농사의 창시자이다.
　또 송나라 사람 진량은 문공이 어진 정치를 베푼다는 소문을 듣고, 제자인 진상과 진신 형제를 데리고 등나라에 와서 살았다.
　진상은 스승인 진량이 죽은 후 허행의 신농씨 이론에 공감하고, 이전에 배운 진량의 가르침을 다 버리고 허행을 따랐다.
　진상이 맹자를 만나, 허행의 이론에 비추어 문공을 비난했다.
　"문공은 어진 정치를 베푸니 현명한 임금입니다. 그러나 아직 올바른 도리를 모르고 있는 것 같습니다.
　나의 스승이신 허행의 말에 따르면, 올바른 도리를 행하려면 임

경제론
맹자로 한국 살리기

금이 직접 백성들과 함께 농사를 지어 먹고 살아야 하며, 또 밥을 손수 지어 먹으며 나라를 다스려야 하는 것입니다. 그런데 지금 등나라에는 곡식과 재물을 쌓아 두는 창고가 있습니다.
 백성들의 곡식을 빼앗아 임금을 살찌우기 위해 쌓아 두는 것이니, 어찌 현명한 임금이 할 일이라 하겠습니까."
 이 말을 듣고 맹자가 진상에게 물었다.
 "허행은 자기가 농사를 지어 수확한 곡식을 먹습니까?"
 "그렇습니다."
 "허행은 옷감도 손수 짜서 옷을 만들어 입습니까?"
 "아닙니다. 그는 거칠고 보잘것 없는 가죽으로 옷을 만들어 입습니다."
 "허행은 모자를 씁니까?"
 "그렇습니다."
 "무슨 모자를 씁니까?"
 "하얀 모자를 씁니다."
 "허행은 모자도 손수 만들어 씁니까?"
 "아닙니다. 곡식과 바꾸어서 씁니다."
 "허행은 모자를 왜 손수 만들지 않습니까?"
 "농사를 짓는 데 방해가 되기 때문입니다."
 "허행은 솥으로 밥을 지어 먹고, 쟁기로 밭을 갑니까?"
 "그렇습니다."

경제론
백성이 잘사는 나라

"허행은 밥솥과 쟁기도 손수 만들어 씁니까?"
"아닙니다. 곡식으로 바꾸어 씁니다."
질문을 마친 맹자는 허행의 이론을 이렇게 논박했다.
"곡식을 가지고 쟁기와 그 밖의 연장을 바꾸어 쓰는 것은 대장장이나 목수를 괴롭히는 일이 아니며, 대장장이나 목수 또한 자기가 만든 것으로 곡식을 바꾸어 먹는 것은 농부를 괴롭히는 일이 아닙니다.
허행은 어째서 대장장이나 목수의 일을 하지 않으며, 모든 것을 다 자기 집에서 만들어 쓰지 않고 여러 장인들과 바꾸어 씁니까?"
"여러 장인들이 하는 일은 농사를 지으면서 할 수 있는 일이 아닙니다."
"그렇다면, 나라를 다스리는 일만은 왜 농사를 지으면서 해야 한다는 말입니까?"
진상은 맹자의 질문에 대답하지 못했다.

맹자는 허행의 이론을 계속해서 반박했다.
"사람은 각자 할 일이 따로 있습니다. 한 사람의 몸에도 여러 장인들이 만든 것을 필요로 하는데, 필요한 모든 것을 손수 만들어 써야 한다면, 사람들은 일에 지쳐 쓰러지고 말 것입니다.
그러므로 어떤 사람은 마음을 수고롭게 하고, 어떤 사람은 몸을 수고롭게 하는 것입니다. 마음을 수고롭게 하는 사람은 다스리는 사람이요, 몸을 수고롭게 하는 사람은 다스림을 받는 사람입니다. 다스림을 받는 사람은 남을 먹여 주고, 다스리는 사람은 남의 것을 나누어 먹는 것이 세상의 이치입니다.

요임금 시대에는 하늘과 땅이 안정되지 않아, 홍수가 자주 나서 물이 넘쳐 아무 데로나 흐르고, 초목이 무성해서 새와 짐승 들이 우굴거렸으며, 오곡이 제대로 여물지 못했습니다.

새와 짐승 들은 사람에게 달려들어 해를 입히고, 짐승의 발굽과 새의 발자국이 지나간 길이 나라 안 여기저기에 어지럽게 얽혀 있었습니다. 요임금이 세상의 혼돈을 근심하다가, 순임금을 발탁하여 혼돈을 정리하고 질서를 잡게 했습니다.

순임금이 익을 시켜 산과 늪지대에 불을 지르니 새와 짐승 들이 도망쳐 숨었습니다.

우임금이 아홉 강물의 막힌 데를 뚫어 물을 바다로 뽑아내고, 더러는 양자강으로 흘러들게 했습니다. 그렇게 하니 땅에 농사를 지어 먹고 살 수 있게 되었습니다.

그 일을 하느라고 우임금은 8년 동안이나 객지에서 살았으며, 세 차례나 자기 집 앞을 지나면서도 들어가 쉬지 못했습니다. 그런 우임금이 설사 농사를 짓고 싶었다 해도 농사를 지을 수 있었겠습니까?

후직은 백성들에게 농사짓는 법을 가르쳤습니다. 오곡을 씨뿌려 가꾸게 하니, 그 곡식이 잘 여물어 마침내 백성들이 배를 곯지 않게 되었습니다.

　사람이 살아가는 데는, 아무리 배불리 먹고 따뜻하게 입고 편안하게 산다 하더라도, 교육이 없다면 짐승에 가깝다 할 것입니다. 그래서 순임금은 설을 시켜 백성들에게 인륜을 가르쳤습니다.

　요임금은 '백성들을 위로해 주고, 따라오게 하여 바로잡아 주고, 정직하게 만들고, 도와 주고 부축해 주어 스스로 인륜을 지키게 하고, 일깨워 주고, 은덕을 베풀어 주라.'고 했습니다.

　이처럼 백성들을 위해 애쓴 성인들이 어느 겨를에 농사를 지을 수 있었겠습니까.

　요임금은 순임금과 같은 인재를 얻지 못할까 봐 항상 걱정했으며, 순임금은 우임금과 같은 인재를 얻지 못할까 봐 항상 걱정했습니다. 그러나 농부는 1백 묘의 밭을 잘 가꾸지 못할까 봐 항상 걱정합니다.

　남에게 재물을 나누어 주는 것을 혜(惠)라 하고, 남에게 선을 가르치는 것을 충(忠)이라 하며, 천하를 잘 다스리기 위해 인재를 얻는 것을 인(仁)이라 합니다. 그러므로 천하를 남에게 주기는 쉬워도 천하를 잘 다스려 줄 만한 인재를 얻기는 어렵다고 합니다.

　공자께서도 '위대하다 요임금이여. 오직 하늘만이 위대하건만, 요임금의 덕이 하늘을 본받았구나. 넓고 넓다 그 덕이여, 백성들은 큰 덕을 무어라 이름짓지 못했으니 거룩한 임금이구나. 순임금의 높고 높은 그 덕이여, 천하를 차지했건만 혼자서 좌지우지 아니하셨다.'라고 말하셨습니다.

요임금과 순임금이 천하를 다스리는 데 어느 것 하나 마음 쓰지 않았을까마는, 농사짓는 일은 직접 마음 쓰지 않았습니다.

나는 중원(中原)의 문화로써 미개한 이민족의 풍속을 바꾼다는 말은 들었어도 이민족의 풍속으로써 중원의 문화를 바꾼다는 말은 듣지 못했습니다.

그대가 스승으로 섬겼던 진량은 비록 초나라 사람이지만, 중원의 학문을 배우고 열심히 연구해서, 중원의 학자들에 못지않은 성취를 이루었으니 훌륭한 선비가 아니겠습니까. 그대들 형제는 그를 수십 년 동안이나 따르다가 그가 죽자마자 배신했습니다.

옛날에 공자께서 돌아가시니, 그의 제자들은 3년상을 마친 뒤 각자 짐을 꾸려 집으로 돌아가려고 자공에게 작별 인사를 하고 서로 마주 보고 울었는데, 다들 목이 쉬어서 돌아갔습니다. 그러고도 자공은 다시 공자의 무덤으로 돌아가 제단이 있는 터에다 집을 짓고 혼자 3년을 더 지내고 난 뒤에야 돌아갔습니다.

어느 날 자하, 자장, 자유가 '유약이 공자를 닮았으니, 공자를 섬기던 것처럼 그를 섬기자.'고 증자에게 권했습니다. 증자는 '안 된다. 장강과 한수의 물이 깨끗이 빨아 주고, 가을 햇볕이 쬐어 주어 바랜 것처럼 희고도 흰 공자의 큰 덕에는 비할 바가 아니다.'라고 말했습니다.

남쪽 오랑캐 땅의 왜가리처럼 떠벌이는 사람(허행)이 선왕의 도를 비난하고 있습니다. 그대는 스승을 배신하고 허행에게서 배우니 역시 증자와는 다른 사람입니다. 새들도 깊숙한 골짜기에서 나와 높은 나무의 가지에 옮겨 산다는 말은 들었어도, 높은 나무의 가지에서 내려와 깊은 골짜기로 들어가는 새가 있다는 말은 듣지 못했습니다.

노나라에 '북쪽의 오랑캐를 치고 남쪽의 오랑캐를 징계하자.' 라는 말이 있듯이, 주공은 늘 그들을 치려고 했는데, 그대는 그 오랑캐의 것을 좋다고 배우니 옳게 변했다고는 할 수 없습니다."

☞ 우왕(禹王) : 하(夏)나라의 임금. 순임금이 우의 아버지 곤에게 치수(治水)를 맡겼는데 물길을 막는 치수를 하여 물이 넘쳐 많은 피해가 났다. 순임금이 곤을 처형하고 아들 우에게 치수를 맡겼는데 우는 물길을 트는 치수를 하여 공을 이루어 순임금에게 천자 자리를 물려받았다.

☞ 후직(后稷) : 주(周)나라 시조의 이름인데, 처음으로 백성들에게 농경(農耕)을 가르쳤다고 한다. 그가 농사일을 맡아 보았으므로 뒤에는 농사에 관한 관직의 이름으로 통했다.

☞ 유약(有若) : 공자의 제자인 유자(有子). 유약은 용모나 언행(言行)이 공자와 비슷하였다고 한다.

경제론
맹자로 한국 살리기

물건값은 양으로 매겨야 하나 질로 매겨야 하나

진상이 맹자에게 말했다.

"나의 스승이신 허행의 가르침에 따르면, 물가가 서로 다르지 않으면 어린애를 장에 보내도 속이는 일이 없어집니다. 베는 길이가 같으면 값을 같게 하고, 명주솜은 무게가 같으면 값을 같게 하고, 수수는 양이 같으면 값을 같게 하고, 신은 크기가 같으면 값을 같게 하면, 상거래 질서가 바로잡힐 것입니다."

진상의 말이 끝나기가 바쁘게 맹자는 물품의 특성을 무시한 허행의 이론을 반박했다.

"세상의 모든 물품은 질이 같지 않습니다. 그것이 바로 물품의 성질입니다. 품질의 수준이 배나 다섯 배, 혹은 열 배, 백 배, 천 배나 만 배의 차이가 나는데, 허행의 말대로 겉만 맞추어 값을 매긴다면, 그로 인해 시장 질서가 어지러워질 것입니다.

굵고 거칠게 짠 베와 가늘고 곱게 짠 베의 값이 같다면, 사람들이 구태여 베를 가늘고 곱게 짜려 하겠습니까. 허행의 이론에 따르면 서로 속이는 것이 되는데, 그런 이론으로 어떻게 나라를 다스릴 수 있겠습니까."

경제론
맹자로 한국 살리기

노동하지 않는 선비는 무얼 먹고 살아야 하나

팽갱이 스승인 맹자에게 물었다.

"선생님은 수십 대의 수레에 수백 명의 제자를 거느리고, 이 제후에게 갔다가 저 제후에게로 갔다가 하며 옮겨다니는데, 지나친 처사가 아닌지요?"

"정당한 방법으로 얻은 것이 아니라면 한 술갈의 밥이라도 남에게 받아서는 안 된다. 그러나 정당한 방법이라면 순임금이 요임금에게서 천하를 넘겨받은 일도 그르다 하지 않는데, 자네는 그 정도를 가지고 지나치다고 생각하는가?"

"아닙니다. 선비라는 사람들이 하는 일 없이 녹만 받아먹는 것이 옳지 않다는 뜻입니다."

"자네가 만약 한 나라의 책임자로 앉아 있으면서, 백성들에게 자기가 만든 물건으로 자기에게 없는 물건과 바꾸어 쓰도록 처리해 주지 않고, 일거리를 나누어 남는 것으로 부족한 데를 보충하도

경제론
백성이 잘사는 나라

록 강구하지 않는다면, 농부들에게는 남아 돌아가는 곡식이 생길 것이고, 여인네들에게는 남아 돌아가는 천이 생기겠지. 남아 돌아가는 물건을 서로 바꾸어 쓰도록 해 준다면, 곡식을 생산하지 못하고 천을 생산하지 못하는 목수나 수레 만드는 사람들까지도 모두 자네 때문에 먹을 것이나 입을 것을 얻게 될 것이 아닌가. 그리고 농부들과 여인들은 목수나 그 밖의 장인들이 만든 가구나 농기구를, 남아 돌아가는 곡식이나 천으로 바꾸어 쓸 수 있을 것이네.

여기 한 선비가 있는데, 집에 들어가서는 어버이에게 효도를 다하고, 밖에 나가서는 어른을 공경하며, 후손들에게 그것을 가르친다고 가정해 보세. 그 선비가 자네에게서 먹을 것을 얻지 못한다면, 자네는 목수와 수레 만드는 사람은 존중하면서, 인과 의를 실천하는 선비를 경멸하는 것이 아니겠는가."

"목수나 수레 만드는 사람은 그들의 목적이 기술을 가지고 먹을 것을 얻는 데에 있습니다. 선비가 인의의 도를 실천하는 것 역시 목적이 먹을 것을 얻자는 데에 있습니까?"

"자네는 왜 하필이면 목적을 가지고 문제를 삼는가. 자네에게 공이 있으면 먹여 줄 만해서 먹여 주는 것일 뿐이네. 그렇다면 자네는 목적에 따라 먹여 주는가, 아니면 그가 해 준 일의 성과에 따라 먹여 주는가."

"목적에 따라 먹여 줍니다."

"여기 일솜씨가 좋지 못한 사람이 있다고 가정하세. 그가 집을 짓다가 기왓장을 부수고 담벽에 칠을 잘못했어도, 그 목적이 먹을 것을 얻는 데 있다면, 자네는 그 사람에게 먹을 것을 주겠는가."
"주지 않겠습니다."
"그렇다면 자네는 목적에 따라 먹여 주는 것이 아니라, 해 놓은 일의 성과에 따라 먹여 주는 것이네."

경제론
백성이 잘사는 나라

좋은 제도는 당장 시행하라

맹자가 송나라의 세법에 대해 조언했다.

수입의 10분의 1을 세금으로 거두고, 국경 통과세와 시장 거래세를 당장 폐지하라고 했다.

송나라의 대부 대영지가 맹자에게 물었다.

"지금 당장 수입의 10분의 1을 세금으로 거두는 일과, 관문 통과세와 시장 거래세를 폐지하는 일은 실시하기 어렵습니다. 우선 세금을 줄여 주고, 내년까지 기다린 후에 폐지하는 것이 어떻겠습니까?"

"날마다 이웃의 닭을 훔치는 사람이 있었는데, 어떤 사람이 '그것은 사람이 할 짓이 아니오.'라고 일러 주었습니다. 닭도둑은 '그러면 한 달에 한 마리씩만 훔치면서 내년까지 기다린 후에 그만두겠습니다.'라고 대답했답니다. 자기가 하는 일이 옳지 않다는 것을 알았다면 당장 그만둘 일이지 왜 내년까지 기다려야 하는 것입니까?"

살림이 넉넉해지면 민심도 좋아진다

맹자가 말했다.

"백성들에게 논밭을 잘 가꾸도록 해 주고 세금을 가볍게 해 주면, 백성들은 잘살게 된다. 철에 따라 알맞게 먹게 하고 예에 따라 알맞게 쓰게 하면, 재산을 넉넉히 모을 수 있다.

백성들은 물과 불이 없으면 하루도 살아갈 수 없다. 어두운 저녁에 남의 집 문을 두드려, 물과 불을 나누어 달라고 청할 때 거절하는 집이 없다면, 백성들의 살림이 넉넉하다는 증거이다.

어진 임금이 다스리면, 백성들은 물과 불을 가지고 있는 것처럼 곡식을 넉넉하게 마련한다. 곡식이 물이나 불처럼 넉넉해지면, 백성들이 모두 착해져서 어질지 않은 백성이 없어진다."

세금은 적게 받을수록 좋다

　맹자가 말했다.
　"세금 중에는 베와 실로 받는 세금이 있고, 곡식으로 받는 세금이 있고, 노동력으로 받는 세금이 있다.
　어진 임금은 한 번에 한 가지만 세금으로 거두고 나머지 두 가지는 뒤로 미룬다.
　한 번에 두 가지를 세금으로 거두면 굶어 죽는 백성이 생기고, 한 번에 세 가지를 세금으로 거두면 아비와 자식이 뿔뿔이 흩어진다."

3

외교론
평화로운 세상을 위하여

작은 나라는 큰 나라를 이길 수 없다 / 이웃 나라와 잘 지내는 방법 / 무도한 나라는 쳐도 좋다 / 백성이 원하면 차지하라 / 제후들이 연합해 공격해 오니 / 큰 두 나라 사이에 끼여 있는 작은 나라 / 다른 나라와 싸울 때는 인화가 제일이다 / 큰 나라가 작은 나라를 치려고 하면

작은 나라는 큰 나라를 이길 수 없다

이웃 나라와 국경 분쟁으로 싸움이 그칠 날 없는 제나라의 선왕에게 맹자가 물었다.

"전하께서는 전쟁을 일으켜 병사와 장수 들을 죽음으로 내몰고, 다른 나라와 원수를 맺은 뒤에야 마음이 통쾌하시겠습니까?"

"아닙니다. 내가 어찌 장수와 병사 들의 목숨을 위태롭게 하는 일로써 통쾌해 하겠습니까. 다른 나라의 왕들과는 친교를 맺고 싶지 원수를 맺고 싶겠습니까. 다만 나는 큰 뜻을 이루고자 할 뿐입니다."

"전하의 그 큰 뜻이란 무엇입니까?"

맹자의 이 물음에 선왕은 빙긋이 웃을 뿐 대답하지 않았다. 다 알면서 왜 그런 것을 묻느냐는 태도였다.

맹자는 선왕의 큰 뜻이 무엇인지 모를 까닭이 없었다. 그러나 짐짓 말을 돌려서 물었다.

"전하의 큰 뜻이란 기름진 고기와 맛있는 음식이 아직도 왕의 입에 부족한 것입니까. 아니면 아직도 가볍고 따뜻한 비단옷이 몸에 만족스럽지 못한 것입니까. 그것도 아니면 아름다운 음악 소리가 귀에 거슬리기라도 한 것이며, 옆에서 부리는 궁녀들이 모자라기라도 한 것입니까. 그런 것이라면 신하들이 알아서 제공할 것이니 설마 그런 것은 아니겠지요?"

"나는 그런 데 뜻을 두고 있는 것이 아닙니다."

"그러시다면 전하께서 뜻하는 바가 무엇인지 알 만합니다. 영토를 넓히고 진나라와 초나라 같은 강대국들을 굴복시켜 천하를 거느리고 나아가 미개한 여러 이민족들을 지배하려는 것이겠지요. 그러나 그것은 잘못된 생각입니다. 전쟁이나 일삼는 그런 방법으로 큰 뜻을 이루고자 하는 것은 마치 나무에 올라가 물고기를 잡으려는 것이나 다를 바가 없는 일입니다."

"그 일이 그처럼 터무니없는 헛된 꿈이란 말입니까?"

"나무에 올라가 물고기를 잡는 일이 불가능한 일이긴 하지만 설사 물고기를 잡지 못한다손 치더라도 그 일 때문에 다른 재앙이 따르지는 않습니다. 그러나 전쟁으로 이웃 나라를 굴복시키려다 실패하는 경우에는 수많은 생명을 죽이게 되고 나아가서는 나라가 패망하는 무서운 결과가 뒤따를 수 있습니다."

"나의 큰 뜻이 그렇게까지 위험하단 말입니까?"

"조그마한 추나라와 커다란 초나라가 싸운다면 전하께서는 어느 나라가 이기리라고 생각하십니까?"

"그야 물론 강대국인 초나라가 이기겠지요."

"그렇습니다. 작은 나라는 큰 나라를 이길 수 없고, 적은 군사는 많은 군사를 이길 수 없으며, 약한 나라는 강한 나라를 이길 수 없습니다. 지금 천하에는 이 제나라만큼 힘센 나라가 아홉이나 있는데, 제나라 혼자 다른 여덟 나라를 어떻게 이길 수 있겠습니까."

☞ **연목구어(緣木求魚)** : 나무 위에 올라가 물고기를 구한다는 뜻으로, 절대로 불가능하다는 것을 뜻한다.

외교론
평화로운 세상을 위하여

이웃 나라와 잘 지내는 방법

제나라의 선왕이 맹자에게 물었다.
"이웃 나라와 잘 지내고 싶은데 어떤 방법이 있습니까?"
"어진 임금은 작은 나라를 섬길 줄 압니다. 은나라의 탕왕은 작은 나라인 갈나라를 섬겼고, 주나라의 문왕은 미개한 이민족인 곤이를 섬겼습니다.
큰 나라의 임금이면서도 작은 나라의 무례를 힘으로 응징하지 않고 너그러이 포용해 나갔습니다.
자기를 낮추어 작은 나라를 섬기셨으므로 탕왕과 문왕은 어진 임금으로 추앙받고 있습니다.
지혜로운 임금은 작은 나라로서 큰 나라를 섬길 줄 압니다. 월나라의 구천은 원수 나라인 오나라의 부차를 섬겼습니다. 큰 나라의 압박을 견디어 내면서, 자기 나라의 안전을 지키기 위해 충돌을 피했고, 상대방을 잘 섬겼으므로 구천은 지혜로운 임금으로 일컬어지고 있습니다.
 큰 나라로서 작은 나라를 섬기는 것은 하늘의 도리를 따르는 것이며, 작은 나라로서 큰 나라를 섬기는 것은 하늘의 도리를 두려워하는 것입니다.
 하늘의 도리를 따르는 이는 천하를 보전하여 천자가 될 수 있으며, 하늘의 도리를 두려워하는 이는 강대국의 침략을 예방하고 제후의 자리를 지킬 수 있습니다."

☞ 갈(葛) : 나라 이름. 탕임금이 박(毫)이라는 데 있을 때의 이웃 나라.
☞ 곤이(昆夷) : 서쪽 지방의 미개한 이민족인 서융(西戎)의 나라 이름.
☞ 구천(句踐) : 춘추 시대의 월(越)나라 임금. 오랫동안 이웃 나라인 오(吳)나라와 싸우다가 참패를 당하여 오왕(吳王) 부차(夫差)에게 항복하였다. 그러나 굴욕을 잊지 않고 참고 견디며 나라의 힘을 키우고 기회를 기다리다가, 오만해진 오왕이 회계산의 모임에서 제후들의 우두머리가 되기 위해 자리다툼을 하며 나라를 비운 사이 오나라를 깨뜨려 복수하였다.

외교론
평화로운 세상을 위하여

무도한 나라는 쳐도 좋다

제나라의 심동이 맹자에게 물었다.

"연나라 왕 자쾌가 왕위를 재상인 자지에게 물려 주고 나서 연나라는 지금 심한 내란 상태에 빠져 있습니다. 이 때 연나라를 칠 수 있겠습니까?"

심동의 물음에 맹자가 말했다.

"연나라는 무도한 나라이므로 칠 수 있습니다. 임금이 자기 마음대로 나라를 다른 사람에게 내줄 수 없는 것입니다. 재상 또한 임금을 도와 나라를 잘 다스리겠다는 생각은 할 수 있지만, 임금이 준다고 해서 나라를 받을 수는 없는 것입니다.

예를 들어 여기 벼슬을 하고 싶어하는 사람이 있다고 합시다. 그대가 그 사람을 좋아하여 임금에게 아뢰지도 않고 그대의 벼슬을 넘겨 주고, 그 사람 또한 왕명이 없는데도 그 벼슬을 받는다면 어떻게 되겠습니까? 이 예와 연나라에서 일어난 일과 다를 것이 무엇이겠습니까?
 연나라 왕 자쾌의 선조는 주나라 천자에게서 명을 받아 연나라를 다스려 온 제후국이었습니다. 그러므로 연나라의 영토와 백성을 자기 마음대로 할 수 없는데도 자쾌는 자기 마음대로 한 죄를 저질렀습니다. 그리고 자지는 신하로서 나라를 차지했으니 대역 죄인이 되는 것입니다."

 그 뒤 제나라는 연나라를 쳤다. 그러나 제나라는 정복한 연나라에서 온갖 포악무도한 정치를 자행했다.
 견디다 못한 연나라 사람들이 들고 일어나 제나라는 물러나지 않을 수 없었다.

 이 일로 제나라 사람들이 맹자에게 따져 물었다.
 "선생께서는 왜 성공하지도 못할 연나라 정벌을 권했습니까?"
 "나는 제나라가 연나라를 쳐야 한다고 권한 일이 없습니다. 다만 심동이 '연나라를 칠 수 있겠느냐?'고 묻기에 '칠 수 있다.'고 대답한 적은 있습니다. 심동이 '누가 칠 수 있겠느냐?'고 물었다면 나는 '천명을 받은 임금이라야 칠 수 있다.'고 대답했을 것입니다.
 예를 들어, 살인을 한 자가 여기 있다고 합시다. 어떤 사람이 '저 놈을 죽여도 좋으냐?'고 묻는다면 나는 '죽여도 좋다.'고 대답할 것입니다. 그 사람이 '그럼 누가 죽여야 하느냐?'고 묻는다면 나는 '법을 담당한 관리가 죽일 수 있다.'고 대답했을 것입니다.
 포악한 제나라가 포악한 연나라를 친 것은 연나라가 연나라를 친 것과 마찬가지인데, 내가 어찌 그런 일을 권할 수 있겠습니까."

☞심동(沈同) : 제나라의 신하.

외교론
맹자로 한국 살리기

백성이 원하면 차지하라

연나라의 왕이 정권을 재상에게 넘겨 주었는데, 백성들이 이에 승복하지 않아 나라가 몹시 어지러웠다.

제나라가 이 틈을 타서 연나라를 공격해서 이겼는데, 아예 합병해 버리자는 의견과 이쯤에서 중단하자는 의견이 팽팽히 맞섰다. 선왕이 결단을 내리지 못하고 맹자에게 물었다.

"연나라는 만 승의 큰 나라입니다. 이렇게 큰 나라를 불과 50일 만에 점령했는데, 이는 사람의 힘만으로는 해낼 수 없는 일입니다. 하늘이 도운 것이지요. '하늘이 주는 것을 받지 않으면 재앙을 받게 된다.'는 옛말이 있는데, 이 기회에 아예 연나라를 합병해 버리는 것이 어떻겠습니까?"

"연나라를 차지했을 때 연나라의 백성들이 기뻐한다면 차지하십시오. 그러나 연나라의 백성들이 기뻐하지 않는다면 차지하지 마십시오.

> 외교론
> 평화로운 세상을 위하여

　옛날에 주나라의 문왕은 천하의 3분의 2를 차지하고 있었으면서도 3분의 1밖에 남지 않은 은나라를 차지할 생각을 하지 않았습니다. 그것은 아직 은나라 백성들의 민심이 은나라를 떠나지 않았기 때문이었습니다. 그러다가 그 아들대인 무왕 때에 이르러서야 천하를 통일했습니다. 그것은 민심이 은나라를 떠나 주나라의 무왕에게로 돌아섰기 때문이었습니다.
　만 승의 나라인 제나라가 같은 만 승의 나라인 연나라를 치는데 연나라 백성들이 소쿠리에 밥을 담고 병에 물을 담아 가지고 와 제나라 군대를 환영하게 된 데는 다른 까닭이 없었습니다. 오직 물이나 불처럼 가혹한 연나라 임금의 학정을 모면하기 위해서였을 뿐입니다.
　제나라가 연나라를 차지하고 나서도 물이 더욱 깊어지고 불이 더욱 뜨거워지듯이 학정을 계속한다면, 연나라 백성들은 다른 나라의 구원을 바랄 것이고, 그렇게 되어 다른 제후국들의 견제를 받게 된다면, 제나라는 연나라에서 물러나지 않을 수 없게 될 것입니다."

외교론
맹자로 한국 살리기

제후들이 연합해 공격해 오니

제나라가 연나라를 합병해 버릴 눈치를 보이자, 여러 제후국들이 연합해 제나라를 공격하려 했다. 선왕이 맹자에게 물었다.
"제후들이 우리 제나라를 치려 합니다. 어떻게 대처하면 좋겠습니까?"
"옛날에 탕왕은 사방 70리밖에 안 되는 작은 나라에서 일어나 천하를 제패했습니다. 이 제나라처럼 사방 1천 리나 되는 넓은 영토를 가지고도 남을 두려워하는 임금이 있다는 말은 들어 보지 못했습니다.
옛날의 기록에 보면 탕왕이 맨 처음 갈나라를 정벌하자 온 천하의 백성들이 다 탕왕이 자기들을 고통에서 건져 줄 것이라고 믿게 되었다고 합니다.
동쪽을 정벌하면 서쪽의 백성들이 '왜 우리 나라를 정복하지 않느냐.'고 원망하고, 남쪽을 정벌하면 북쪽의 백성들이 '왜 우리의

외교론
평화로운 세상을 위하여

해방을 뒤로 미루느냐.' 면서 원망했다고 합니다. 백성들은 탕왕이 쳐들어 오기를 마치 큰 가뭄에 구름이 일어 비가 내리기를 기다리는 것처럼 했습니다. 그들은 탕왕의 군대가 쳐들어가도 조금도 두려워하지 않고, 시장으로 모여들어 장사를 계속했고 농부들은 변함없이 농사짓는 일을 멈추지 않았다고 합니다.

 탕왕이 들어가 저들의 포악한 임금을 죽이고 그 백성들을 위로하니 마치 비가 때맞추어 내리는 것과 같았을 것입니다. 그래서 백성들은 기뻐했던 것입니다.

 '서경'의 중훼지고편에 보면 '우리 임금 오시기를 기다렸네, 우리 임금 오셨으니 우리는 살아났네.' 라고 씌어 있습니다. 이렇게 백성들이 탕왕이 오기를 기다리고 환영했던 것은, 탕왕은 어진 임금이니 도탄에 빠져 있는 백성들을 구해 주리라는 기대와 믿음을 가지고 있었기 때문입니다. 그리고 실제로 탕왕은 극심한 학정에 신음하는 백성들을 위로하고 그들을 잘살게 하는 어진 정치를 베풀었습니다.

 그런데 지금 제나라는 어떻습니까. 연나라 백성들이 학정에 신음하고 있을 때 전하께서 쳐들어가자, 연나라 백성들은 소쿠리에 밥을 담고 병에 물을 담아가지고 와 제나라 군대를 환영했습니다. 그러나 제나라 군대는 그들의 부모 형제를 죽이고 포로로 붙잡아 왔을 뿐 아니라 연나라 종묘를 헐어 귀중품들을 뺏어 왔습니다.

 이런 일들을 겪은 연나라 백성들이 어찌 제나라의 처사를 옳다고 하겠습니까. 결과적으로 연나라 백성들은 전보다 더한 고통을 겪게 된 것입니다.
　이제 천하의 백성들은 제나라가 강해지는 것을 두려워하게 되었습니다. 연나라 백성들의 반발과 분노 때문에 다른 나라의 제후들이 군대를 움직이지 않을 수 없게 될 것입니다.
　전하께서는 지금이라도 연나라에서 잡아 온 포로들을 돌려보내고, 종묘의 귀중품을 가져오지 못하게 하십시오.
　그리고 연나라 백성들과 의논하여 그들이 바라는 사람을 임금으로 세워 놓은 뒤에 군대를 거두어들이십시오. 그래야 다른 나라의 제후들이 군대를 일으키지 않을 것입니다."

외교론
평화로운 세상을 위하여

큰 두 나라 사이에 끼여 있는 작은 나라

등나라 문공이 맹자에게 물었다.
"등나라는 작은 나라로 제나라와 초나라 사이에 끼여 있습니다. 제나라를 섬겨야 합니까, 아니면 초나라를 섬겨야 합니까?"
"참 어려운 처지라고 생각됩니다. 저로서도 두 나라 중 어느 나라를 택해 섬기는 것이 좋은지 판단할 수가 없습니다. 굳이 등나라를 지켜 나갈 방도를 말씀드린다면, 한 가지 방법이 있습니다. 성을 높이 쌓고 성 밖에 해자를 깊이 파고 백성들과 함께 지키는 것입니다. 죽는 한이 있더라도 백성들을 버리지 않는다면 한번 해 볼 만한 일입니다."
문공이 다시 맹자에게 물었다.
"우리 등나라의 이웃에 있는 설나라를 정복한 제나라가 여기다가 성을 쌓으려 합니다. 제나라는 초나라의 침공에 대비하는 일이 겠으나, 제나라와 초나라 사이에 끼여 있는 우리 같은 작은 나라로서는 두려운 일이 아닐 수 없습니다. 어떻게 하면 좋겠습니까?"
맹자는 옛일을 예로 들어 대답했다.
"옛날에 주나라 문왕의 조상이 되는 태왕은 빈이라는 땅에서 살았는데, 북방 오랑캐가 쳐들어왔습니다. 태왕은 그들에게 가죽과 비단을 바쳤지만 그들의 침략은 멈추지 않았습니다.
태왕은 개와 말 등을 바쳐 가면서 그들을 섬겼지만 그들의 침략은 멈추지 않았습니다.
태왕은 빈 땅의 원로들을 모아 놓고 '저들이 바라는 것은 우리의 땅입니다. 땅 때문에 사람을 다치게 할 수는 없습니다. 나는 이 땅을 저들에게 넘겨 주고 이 땅을 떠나려 합니다. 여러분은 임금이 없다고 해서 살 길이 없겠습니까.' 하고는 빈 땅을 떠나 기산 밑으로 옮겨가 살았습니다.
빈 땅의 백성들은 어진 임금을 놓칠 수 없다고 하면서 태왕의 뒤를 따라 기산 밑으로 모여들었는데, 마치 저자에 장꾼들이 모여들듯 했다고 합니다.
태왕이 이렇게 어진 정치를 베풀었기 때문에 나라를 지탱할 수 있었고, 후손 중에 문왕과 무왕 같은 성군이 태어나 천하를 다스릴 수 있었을 것입니다.
제나라가 만일 등나라를 공격한다면, 등나라와 같은 작은 국력으로는 맞서 싸울 수 없으니, 태왕을 본받으시든지 백성들과 함께 죽음을 각오하고 나라를 지키든지 두 가지 중 한 가지를 택해야 할 것입니다.

  그러나 이 두 가지 방법도 다 백성을 위하는 어진 정치를 베풀지 않고는 나라를 보전할 수 없다는 것을 명심하시기 바랍니다."

☞ 등문공(滕文公) : 등나라는 지금 중국 산동성(山東省) 등현(滕縣)에 위치했던 제후(諸侯)의 나라. 문공은 등나라의 제후.

외교론
맹자로 한국 살리기

다른 나라와 싸울 때는 인화가 제일이다

맹자가 말했다.
"나라와 나라가 경쟁하거나 싸울 때는, 천시(天時)를 얻는 것이 지리(地利)를 얻는 것만 못하고, 지리를 얻는 것이 인화(人和)를 얻는 것만 못하다.
 조그마한 성곽을 포위하고 공격하면서도 이기지 못하는 경우가 있다. 포위 공격이 여러 날 계속되는 동안 안개가 자욱하게 낀다든지, 폭풍우가 몰아친다든지, 칠흑 같은 밤이라든지 하는 천시를 얻을 기회가 있으련만, 그래도 이기지 못하는 것은 성곽이 높고 해자가 깊으며 험준한 지세를 업고 있기 때문이다.
 성곽이 견고함에도 불구하고, 성곽이 업고 있는 지세가 험준함에도 불구하고, 성곽을 지키는 무기가 날카로움에도 불구하고, 군량미의 비축이 충분함에도 불구하고, 성을 지키는 사람들이 단결하지 못하고 자기들끼리 분란이 일어나서 성을 버리고 달아나는 경

외교론
평화로운 세상을 위하여

우가 있는데, 이것은 인화가 깨졌기 때문이다.

 백성들이 다른 나라로 옮겨가는 것을 막아야 하지만 국경을 엄중히 지켜서 막을 것이 아니며, 국방을 튼튼히 할 필요는 있지만 험준한 지세나 견고한 성곽에만 의지할 것이 아니며, 천하에 위세를 떨칠 필요는 있지만 용감한 군대나 예리한 무기를 앞세울 것이 아니다.

 인의로써 백성을 사랑하고 백성을 위한 정치를 베푸는 임금에게는 도와 주는 사람이 많고, 바른 도리를 펴지 못한 임금에게는 도와 주는 사람이 적다. 도와 주는 사람이 급격히 줄어들 때는 친척마저도 배반하게 되며, 도와 주는 사람이 많아지는 때는 천하가 다 따라온다.

 진정한 인화가 이루어져 천하가 다 따라오는 위세로써, 친척마저도 배반하는 고립된 자를 친다면, 누가 막아 낼 수 있을 것인가."

외교론
맹자로 한국 살리기

큰 나라가 작은 나라를 치려고 하면

만장이 맹자에게 물었다.
"송나라는 산동에 자리잡은 제나라와 남쪽 초나라 사이에 끼여 있는 작은 나라입니다. 송나라가 왕도 정치를 펴려고 하는데, 제나라와 초나라가 송나라를 치려고 한다면 어떻게 해야 합니까?"
"은나라의 탕왕은 처음에 박이라는 고을에 도읍하고 있었는데 그 때 갈나라와는 이웃이었다. 갈나라의 왕이 방종무도하고 제사를 지내지 않았다.
탕왕이 '어찌하여 제사를 지내지 않으시오?' 하고 물으니, '소와 양이 없어 희생을 바칠 수 없기 때문이오.' 하고 대답했다.
탕왕이 갈왕에게 소와 양을 보내 주었으나 갈왕은 자기가 먹어치우고는 제사를 지내지 않았다.
탕왕이 또 '어찌하여 제사를 지내지 않으시오?' 하고 물으니 갈왕이 '제물로 바칠 곡식이 없기 때문이오.' 하고 대답했다.

외교론
평화로운 세상을 위하여

 탕왕이 백성들을 시켜 갈나라에 가서 농사를 지어 주게 했다. 그리고 늙은이와 어린이에게는 밭을 가는 농부들의 밥을 내가게 했다.
 갈왕은 밥을 내가는 사람들을 위협하여 밥과 술을 빼앗고, 내놓지 않는 사람은 죽이기까지 했다.
 탕왕이 마침내 갈왕을 토벌했는데, 그 때 온 천하의 사람들은 모두 '탕왕께서 토벌하시는 것은 갈나라를 차지하려는 것이 아니라, 백성들을 위해 원수를 갚아 주는 것이다.' 라고 칭송했다.
 탕왕은 갈나라를 비롯해 11차례에 걸쳐 여러 나라를 정벌했지만, 그를 대적할 만한 상대가 없었다. 탕왕이 동쪽을 정벌하면 서쪽 나라 백성들이, 남쪽을 정벌하면 북쪽 나라 백성들이, '왜 우리가 있는 곳으로 먼저 오지 않고 우리가 있는 곳을 뒤로 미루시나.' 하고 원망했다.
 백성들은 탕왕의 군대가 와서 포악한 임금을 내쫓고 도탄에 빠진 백성들을 구해 주기를, 마치 큰 가뭄에 단비가 내리기를 바라는 것처럼 간절하게 기다렸다."

☞ **갈백**(葛伯) : 갈나라의 왕. 갈나라는 백작(伯爵)의 나라였으므로 그 나라의 임금은 백(伯)이라 하였다.

④

지도자론
사랑으로 감싸안아라

어떤 임금이 천하를 통일할 수 있을까 / 왜 어진 정치를 베풀지 못하는가 / 나라가 잘 다스려지지 않는 책임 / 대들봇감을 서까랫감으로 만들지 마라 / 신하에게 어떻게 대할 것인가 / 임금이 올바르면 신하가 올바르지 않을 수 없고 / 임금이 신하를 대하는 세 가지 예의 / 죄없이 선비를 죽이면 / 백성 보기를 다친 사람 대하듯 하고 / 지도자는 백성을 다치게 하면 안 된다 / 사랑함과 인자함과 친함의 차이 / 사랑하지 않는 것 때문에 사랑하는 것을 잃는다 / 사람이 있어 온 후로 공자만한 이는 있지 않았다 / 우임금과 후직의 책임감

어떤 임금이 천하를 통일할 수 있을까

양나라 양왕이 맹자에게 물었다.
"앞으로의 세상은 어떻게 돌아갈 것 같습니까?"
맹자가 대답했다.
"천하는 반드시 통일될 것입니다."
양왕이 다시 물었다.
"그렇다면 천하의 여러 제후 중에서 누가 통일을 이룰 수 있겠습니까?"
맹자는 '사람 죽이기를 좋아하지 않는 이가 통일을 이룰 것'이라고 대답하고, 왜 그렇게 될 것인지를 설명했다.
"전하께서는 곡식의 싹을 아시겠지요. 날이 가물면 싹이 마르고, 하늘이 먹구름을 일으켜 흡족하게 비를 내리면 말랐던 싹이 힘차게 솟아오릅니다. 이렇게 솟아오르는 싹의 기세를 누가 막을 수 있겠습니까.

지도자론
사랑으로 감싸안아라

　오늘날 임금치고 사람 죽이기를 좋아하지 않는 이가 없습니다. 영토를 늘리기 위해 백성들을 전쟁터로 내몰고, 갖가지 부역에 백성들을 동원하여 지쳐 죽게 만들고 있습니다. 백성들의 목숨이 아침과 저녁을 보장할 수 없을 지경입니다.
　만일 사람 죽이기를 좋아하지 않는 임금이 있다면, 마치 물이 낮은 데로 흘러가듯 온 천하 백성들이 그 임금에게로 몰려갈 것인데, 누가 그 대세를 막을 수 있겠습니까?"

☞ **양양왕**(梁襄王) : 양나라의 양왕(襄王). 양나라 혜왕의 아들. 이름은 혁(赫). 혜왕의 뒤를 이어 양나라 왕이 되었다.

왜 어진 정치를 베풀지 못하는가

제나라의 선왕이 맹자에게 물었다.
"덕을 어떻게 베풀어야 임금이라 할 수 있습니까?"
맹자가 대답했다.
"임금이라면 당연히 백성을 보호하고 사랑해야 할 것입니다."
"나 같은 사람도 백성을 보호하고 사랑할 수 있습니까?"
"그렇습니다. 전하께서는 훌륭히 백성을 보호하고 사랑할 수 있습니다."
"무엇으로 내가 백성을 보호하고 사랑할 수 있다고 생각하십니까?"
맹자는 선왕의 이 물음에 대해 선왕의 측근에게서 들었던 이야기를 생각해 냈다.

어느 날 선왕이 당상에 앉아 있는데, 소를 끌고 가는 사람이 있었다.

지도자론
사랑으로 감싸안아라

"소를 어디로 끌고 가는 것이냐?" 하고 물으니 소를 끌고 가는 사람이 "새 종을 만드는 데 희생으로 쓰려고 끌고 갑니다." 하고 대답했다.
"나는 차마 소가 몸을 떨면서 끌려가는 것을 볼 수가 없구나. 소를 놓아 주어라."
"그러시다면 새 종 만드는 데 희생을 쓰지 말까요?"
"희생을 쓰지 않을 수야 있겠느냐. 희생은 소 대신 양을 쓰도록 하라."

이런 일이 있었다는 것을 떠올리며, 맹자가 선왕에게 물었다.
"희생인 소의 처지를 가엾게 여기는 마음이라면 임금이 되기에 충분한 자격을 갖추었다고 할 수 있습니다. 백성들은 전하께서 소보다 값이 싼 양을 씀으로써 재물을 아끼시는 것으로 생각하겠지만, 저는 전하께서 죽음의 마당으로 끌려 가는 소를 차마 볼 수 없어서 그렇게 하신 착한 마음씨를 잘 알고 있습니다."
"백성들 가운데는 내가 재물을 아끼려고 소 대신 양을 희생으로 쓰게 했다고 믿는 이들이 있겠지요. 그러나 우리 제나라가 아무리 작은 나라라고 하지만 어찌 소 한 마리를 아끼겠습니까. 소가 벌벌 떨면서 죽으러 가는 모습이 차마 볼 수 없을 만큼 가여웠기 때문에 양과 바꾸라고 한 것입니다."
"전하께서 말씀하신 대로 죽으러 가는 짐승을 불쌍히 여기셨다

지도자론
맹자로 한국 살리기

면, 소나 양이나 다를 바가 무엇이겠습니까. 비록 작은 양이라 하더라도, 죽는 것이 가엾기는 마찬가지 아니겠습니까?"

선왕은 맹자의 말을 들으니 자기가 한 일이 잘한 일이었는지 잘못한 일이었는지 헷갈리는 것이었다.

맹자는 당황하는 선왕을 달래듯이 바라보며 말했다.

"전하께서는 소가 벌벌 떨면서 끌려가는 정경은 보았어도 양이 끌려가는 모습은 보지 못했습니다. 그러기에 어진 이는 짐승의 산 모습을 보고는 죽어 가는 것을 차마 보지 못하며, 죽어 가는 소리를 듣고는 그 고기를 차마 먹지 못하는 것입니다. 그래서 군자는 푸줏간을 멀리 한다고 했습니다. 끌려가는 소를 불쌍히 여긴 마음은 어진 마음을 가졌다는 증거입니다."

"'시경' 소아 교언편에 이르기를 '다른 사람의 마음 속을 내가 헤아려 안다.'고 했는데, 그 말은 바로 선생을 두고 한 말인 것 같습니다. 이제 선생의 말씀을 듣고 나니 눈앞에 구름이 걷히는 것 같습니다. 그렇다면 그 어진 마음이 왕이 되는 데 적합한 까닭은 무엇입니까?"

"어떤 사람이 왕께 아뢰기를 '나의 힘은 3천 근의 무게라도 들 수 있지만 새의 깃털 하나를 들 수는 없고, 나의 시력은 터럭의 끄트머리라도 볼 수 있지만 수레에 가득 실은 나무바리는 볼 수 없습니다.'라고 한다면 전하께서는 이 말을 인정하시겠습니까?"

"인정할 수 없겠지요."

지도자론
사랑으로 감싸안아라

"전하께서 베푸신 은혜가 짐승에게까지 미치면서도 백성에게는 미치지 않는 까닭은 무엇입니까?

3천 근의 무게를 들 수 있는 힘을 가지고 새의 깃털 하나를 들지 못하는 것은 힘을 쓰지 않기 때문입니다.

그리고 터럭의 끄트머리를 볼 수 있는 시력을 가지고도 수레에 실은 나무바리를 보지 못하는 것은 시력을 쓰지 않기 때문입니다.

마찬가지로 전하의 은혜가 짐승에게까지 미치면서 전하의 덕이 백성을 보호하고 사랑하지 못하는 것은 전하께서 백성에게 은혜를 베풀지 않기 때문입니다.

그러므로 왕이 왕 노릇을 하지 못하는 것은 하지 않는 것이지 할 수 없어서가 아닙니다."

"하지 않는 것과 할 수 없는 것은 어떻게 다릅니까?"

"태산을 옆에 끼고 북해를 뛰어넘는 일을 할 수 없다고 말하는 사람이 있다면 그것은 참말로 할 수 없는 일입니다. 그렇지만 나뭇가지 하나를 꺾지 못한다고 하는 사람이 있다면 그것은 하지 않는 것이지 할 수 없는 것이 아닙니다.

전하께서 어진 왕이 되지 못하는 것은 태산을 옆에 끼고 북해를 뛰어넘는 것과 같은 일이 아니라 나뭇가지를 꺾지 않는 일과 같습니다.

전하께서는 은혜를 짐승에게만 미치게 할 일이 아니라 모든 백성에게 두루 미치도록 왕도 정치를 베푸십시오.

'시경' 대아 사제편에 보면 '사랑하는 마음을 아내로부터 형제에게로, 형제로부터 백성에게로 넓혀 나간다.'는 구절이 있습니다. 이렇게 하면 영토를 보전할 수 있고 그렇지 못하면 처자도 보전할 수 없을 것입니다."

지도자론
사랑으로 감싸안아라

나라가 잘 다스려지지 않는 책임

맹자가 제나라의 선왕에게 물었다.

"죽마고우가 살았습니다. 한 사람이 초나라로 여행을 떠나면서 자기 처자를 친구에게 돌보아 달라고 부탁했었습니다. 돌아오기로 한 날짜보다 더 많은 세월이 지나서야 돌아와 보니 그의 처자가 헐벗고 굶주리고 있었습니다. 만약에 전하께서 그 사람이라면 처자를 헐벗고 굶주리게 한 친구를 어떻게 하시겠습니까?"

"그런 친구라면 의리를 저버린 사람이니 당장 절교하고 말겠습니다."

"만약에 송사를 담당하는 전하의 신하가 부하를 제대로 통솔하지 못한다면 어떻게 하시겠습니까?"

"당장 파면해야지요."

"만약에 이 나라가 잘 다스려지지 않고 있다면 전하께서는 어떻게 하시겠습니까?"

이 말에 선왕은 대답을 하지 않고 다른 이야기로 화제를 바꾸었다. 남의 일에는 판단을 빨리 내리던 선왕이 정작 자신의 일에는 판단하기를 꺼리는 것이었다.

대들봇감을 서까랫감으로 만들지 마라

맹자가 제나라 선왕에게 말했다.

"전하께서 궁궐을 지으시려면 도목수에게 큰 대들봇감을 구해 오라고 할 것입니다.

도목수가 대들봇감을 구해 오면 전하께서는 기뻐하면서 그 나무가 대들보 노릇을 해낼 수 있을 것이라고 생각할 것입니다. 그러나 서투른 목수가 대들봇감을 잘못 깎아서 서까랫감으로 만든다면 전하께서는 화를 내면서 그 나무는 대들보 노릇을 할 수 없을 것이라고 생각할 것입니다.

여기 어떤 인물이 있다고 가정하겠습니다. 그 사람은 어려서부터 어질고 바른 길이 무엇인가를 배웠습니다. 그 사람은 장년이 되어서 어렸을 적에 배웠던 것을 실행하여 나라의 정치를 바로잡아 보려고 합니다. 그런데 전하께서는 그 어진 인재를 시험해 보려고 하지 않고 '네가 배운 것은 버려 두고 무조건 나를 따르라.' 한다면, 대들봇감을 서까랫감으로 만든 것과 무엇이 다르겠습니까.

　여기에 아직 다듬지 않은 옥 덩어리가 있다고 하면, 전하께서는 거금의 비용을 들여서라도 이 나라 최고의 옥공을 불러 갈고 다듬으려 할 것입니다.

　그런데 나라를 다스릴 인재에 대해서는 그 사람이 갈고 닦아 온 어질고 바른 도리를 무시하고 '네가 배운 것을 버려 두고 무조건 나를 따르라.'고 한다면, 옥에 대해 아무것도 모르는 사람이 옥공에게 옥 다듬는 일을 가르치는 것과 무엇이 다르겠습니까."

☞동곽씨(東郭氏) : 제나라 대부(大夫)의 집안.
☞맹중자(孟仲子) : 맹자의 종제(從弟)인 동시에 그의 제자.
☞경추씨(景丑氏) : 제나라 대부의 한 집안.
☞이윤(伊尹) : 탕왕(湯王)의 신하로 탕왕을 도와 하(夏)나라의 폭군 걸왕(桀王)을 추방하고 은(殷)나라를 세우는 큰 공을 세웠다. 탕왕의 왕비에게 딸린 노예로 요리사였는데 탕왕이 그 사람됨을 알아보고 재상으로 기용하였는데 정치를 요리에 견주어 탕왕에게 간언한 말이 있다.

지도자론
사랑으로 감싸안아라

신하에게 어떻게 대할 것인가

맹자가 제나라 선왕에게 문안드리러 가려고 할 때, 마침 선왕이 사람을 보내 말을 전해 왔다.

"내가 선생을 찾아뵈려 했더니, 감기가 들어 바람을 쐴 수 없습니다. 선생께서 와 주실 수 없겠는지요."

왕의 전갈을 받은 맹자는 "지금 몸이 불편하여 나갈 수가 없습니다." 하고 거절했다.

이튿날 맹자는 동곽씨의 집에 조문을 하러 가기 위해 집을 나섰다. 제자인 공손추가 "스승님께서는 어제는 병이 있다고 선왕의 부름을 거절했는데, 오늘 동곽씨의 집에 조문을 간다는 것은 옳은 일이 아닌 것 같습니다." 하고 만류했다.

맹자는 "어제는 병이 있었지만 오늘은 병이 나았는데, 왜 조문하러 못 가겠는가." 하고는 기어이 집을 나섰다.

맹자가 조문하러 나간 사이에 선왕이 의원을 보내 맹자의 병을 살피게 했다. 맹자의 제자 맹중자는 입장이 난처해졌다.

"어제는 전하께서 부르셨으나, 선생의 몸이 불편하여 나가지 못했습니다. 오늘은 병이 조금 나아 조정에 나갔는데 지금쯤 도착했는지 모르겠습니다."

맹중자는 이렇게 거짓말해서 의원을 돌려보내고, 사람을 맹자에게 보내 지금 집으로 오지 말고 조정으로 가라고 전갈했다. 전갈을 받은 맹자는 이러지도 못하고 저러지도 못해, 경추씨의 집으로 가서 묵었다.

왕이 부르는데도 가지 않은 맹자의 태도를 불경하다고 생각한 경추씨가 맹자에게 말했다.

"집에서는 아비와 자식의 사이가 인륜의 으뜸이요, 밖에서는 임금과 신하 사이가 인륜의 으뜸입니다. 부자간에는 은혜를 위주로 하고 군신간에는 공경을 위주로 하는 것인데, 저는 전하께서 선생을 공경하는 것은 보았으나 선생께서 전하를 공경하는 것은 보지 못했습니다."

"아니 그게 무슨 말씀입니까. 제나라 사람들 가운데는 인의를 가지고 왕과 말하는 사람이 없습니다.

그런데 그것이 어찌 인의를 좋지 않다고 여겨 그러는 것이겠습니까. 그들이 마음 속으로 '그가 어찌 함께 인의를 이야기할 만한 존재인가?' 하고 경멸하기 때문에 그러는 것입니다. 불경함이 그보다 더 클 수는 없습니다.

지도자론
사랑으로 감싸안아라

　나는 요임금이나 순임금의 도가 아니면 전하 앞에서 의견을 늘어놓지 않습니다. 그러므로 제나라 사람들이 임금을 공경하는 것은 내가 전하를 공경하는 것만 못한 것입니다."
　"아닙니다. 그런 것을 두고 하는 말이 아닙니다. '예기'의 옥조편에 보면 '아버지가 부르면 대답만 하고 마는 일이 없으며, 임금이 명을 내려 부르면 수레에 멍에 씌우기를 기다리지 않고 나선다.'고 했습니다. 선생께서는 당초 왕을 찾아뵈려 했던 것인데 정작 왕의 명을 듣고는 나가지 않으셨으니 '예기'의 말과 같지 않은 것 같습니다."
　"증자께서 말씀하시기를 '진(晉) 나라와 초나라의 경제력은 다른 나라들이 따라가지 못한다. 그러나 그들이 경제력을 자랑한다면 나는 인으로써 대하고, 그들이 제후의 품계가 높은 것을 자랑한다면 나는 의로써 대할 것이다. 내가 그들에게 무엇이 꿀리겠는가.'라고 했습니다.
　증자께서 어찌 의가 아닌 것을 말씀하셨겠습니까. 이것 또한 하나의 도일 것입니다.
　세상에는 보편적으로 존경받는 것이 세 가지가 있습니다. 벼슬, 나이, 덕이 그것입니다. 조정에서는 벼슬이 으뜸이며, 고향에서는 나이가 으뜸이며, 세상을 바로잡고 백성을 이끌어 나가는 데는 덕이 으뜸입니다. 이 세 가지 중에 하나만 가지고 나머지 둘을 소홀히 할 수는 없습니다.

큰 업적을 남기고자 하는 임금은 불러서 만나 볼 수 없는 신하가 있습니다. 의논할 일이 있으면 몸소 찾아가 만나야 합니다. 덕을 존중하지 않으면, 모시고 일하기에 부족한 임금이라고 할 것입니다.

은나라 탕왕은 먼저 이윤에게서 배운 뒤에 그를 신하로 삼았고, 그를 신하로 삼은 뒤에 그의 도움을 받아 큰 힘 들이지 않고 천하를 아우르는 왕자(王者)가 되었습니다.

제나라 환공은 관중에게 배운 뒤에 그를 신하로 삼았고, 그를 신하로 삼은 뒤에 그의 도움을 받아 힘 들이지 않고 천하를 제패하는 패자(覇者)로 군림했습니다.

지금 천하의 제후들이 각자 차지한 영토가 비슷하고, 덕의 크기가 같아, 누구 한 사람이 뛰어나지 못한 것은, 제후들이 부리기 쉬운 사람만 신하로 삼고 가르침을 받을 만한 사람은 신하로 삼기를 꺼리기 때문입니다.

탕왕은 이윤을, 환공은 관중을 함부로 오라가라 하지 못하고 몸소 찾아가서 의논을 드렸던 것입니다.

환공을 어진 왕자로 만들지 못하고 겨우 패자에 머무르게 한 관중에게까지도 오라가라 하지 못했는데, 관중을 대단치 않게 여기는 나에 대해서야 더 말할 나위가 있겠습니까?"

임금이 올바르면 신하가 올바르지 않을 수 없고

맹자가 말했다.

"사람의 잘못은 책망할 것이 못 되고, 정사의 결점도 비난할 것이 못 된다.

큰 덕을 지닌 사람만이 임금의 잘못을 바로잡을 수 있다.

임금이 어질면 신하가 어질지 않을 수 없으며, 임금이 올바르면 신하가 올바르지 않을 수 없다.

그러므로 임금 한 사람만 잘한다면 나라도 안정될 것이다."

지도자론
맹자로 한국 살리기

임금이 신하를 대하는 세 가지 예의

맹자가 제나라 선왕에게 말했다.

"임금이 신하 보기를 손발과 같이 여기면 신하는 임금 대하기를 배와 가슴과 같이 할 것이며, 임금이 신하 보기를 개와 말과 같이 여기면 신하는 임금 대하기를 길에 지나가는 통행인 정도로 볼 것이고, 임금이 신하 보기를 흙 위의 지푸라기와 같이 여기면 신하는 임금 대하기를 원수와 같이 할 것입니다."

맹자의 말을 들은 선왕은 불쾌한 생각이 들어 옛 임금을 위해 신하가 복을 입는다는 '의례(儀禮)'의 기록을 인용하여 물었다.

"예(禮)에는 옛 임금을 위하여 상복을 입는다고 했는데, 어떻게 해야 옛 임금을 위해 복을 입게 됩니까?"

"신하가 드리는 말이 임금에 의해 실행되고, 신하가 드리는 말이 임금에게 받아들여져 그 혜택이 백성에게 미치며, 신하가 어떤 사유로 나라를 떠나게 되면 임금이 사람을 시켜 그가 국경을 넘을 때까지 인도해 주고, 그가 가는 곳에 앞질러 연락을 해서 그를 칭찬하고, 그가 떠나간 지 3년이 지나도록 돌아오지 않으면 그 때 가서야 그에게 내렸던 토지와 주택을 거두어들입니다.

 신하를 대하는 임금의 이와 같은 태도를 3례(三禮)라 합니다. 임금이 이와 같이 신하를 후하게 대하니, 옛 신하가 옛 임금을 위해 복을 입는 것입니다.

 오늘날에는 신하가 임금에게 말씀을 올려도 실행되지 아니하고, 받아들여지지 않아서 그 혜택이 백성들에게 미치지 못합니다. 무슨 사유가 있어 신하가 나라를 떠나게 되면 임금이 그를 붙들거나 말리려 들고, 그가 떠나간 곳까지 쫓아가 괴롭힙니다. 그리고 그에게 주었던 토지와 주택은 그가 떠나간 날 밤에 바로 거두어들입니다. 이런 것을 원수라고 합니다. 원수를 위해 무엇 때문에 복을 입겠습니까?"

죄없이 선비를 죽이면

맹자가 말했다.

"죄없이 선비를 죽이면 신하들이 임금 곁을 떠나게 될 것이고, 죄없이 백성을 죽이면 선비가 떠나게 될 것이다.

임금이 어질면 온 나라 사람이 다 어질지 않을 수 없고, 임금이 올바르면 온 나라 사람이 다 올바르지 않을 수 없다."

지도자론
사랑으로 감싸안아라

백성 보기를 다친 사람 대하듯 하고

맹자가 말했다.

"우임금은 맛있는 술을 싫어하고 선한 말을 좋아했다.

탕왕은 중용을 지키면서 어진 이를 골라 썼는데, 출신을 가리지 않았다.

문왕은 백성 보기를 다친 사람 대하듯이 마음 아파했다.

무왕은 아무리 가까운 사람이라도 허물없다고 함부로 대하지 않았으며, 멀리 떨어져 있는 사람이라도 잊지 않았다.

주공은 우임금, 탕왕, 문왕의 장점을 아울러 따랐으나 세월의 변화 때문에 마음에 합당하지 않은 일이 있으면 하늘을 우러러보며 밤새워 생각했으며, 다행히 도리를 깨달으면 빨리 실천하고 싶은 마음에 앉아서 날이 새기를 기다렸다.

지도자는 백성을 다치게 하면 안 된다

증자가 무성에 머무를 때 월나라 군대가 쳐들어왔다.

증자는 집 관리인을 불러 "다른 사람을 들이지 말고, 뜰의 나무들이 다치는 일이 없게 하라."고 지시하고 그 곳을 떠났다.

얼마 후 월나라 군대가 물러갔다. 증자는 사람을 보내 집 관리인에게 "집을 잘 수리하라. 내가 곧 돌아가겠다."고 전했다. 그리고 얼마 후 돌아왔다.

이런 증자의 행위를 두고 제자들 사이에 말이 많았다.

"무성의 성주가 선생님을 성의를 다해 대우하고 지극한 마음으로 존경했는데, 적군이 들어오자 남보다 먼저 떠나 백성들도 따라서 떠나게 했고, 적군이 물러가자 곧바로 돌아오시니 의리에 벗어난 것이 아닌가."

제자 중에 심유행만이 증자를 위해 변명했다.

"선생님의 행위는 우리 제자들이 알 수 있는 바가 아니다. 지난

지도자론
사랑으로 감싸안아라

날 우리 심유씨의 집안에 부추라는 자가 난을 일으킨 일이 있었다. 선생님을 따라다니는 제자가 70여 명이나 되었건만 선생님께서 그들을 데리고 떠나셨던 까닭에 그 중에서 한 사람도 화를 입은 사람이 없었다."

증자의 제자 자사가 위(衛) 나라에 머무르고 있을 때의 일이다. 그 때 제나라 군대의 침공이 있었다. 어떤 사람이 달려와 "적군이 오고 있는데 선생님께서는 왜 떠나지 않으십니까?" 하면서 떠나기를 권했다.

"이 자사가 떠난다면 임금께서는 누구와 함께 나라를 지키시겠는가."

자사는 이렇게 말하고 움직이지 않았다.

맹자는 증자와 자사의 행위에 대해 이렇게 말했다.
"증자와 자사의 도는 같은 것이다. 증자는 스승이요 부형이었으며, 자사는 신하이며 미천한 지위에 있었다. 증자와 자사가 처지를 바꾼다 해도 마찬가지였을 것이다."

☞ 자사(子思) : 공자의 손자이면서 증자의 제자. 이름은 급(伋).

사랑함과 인자함과 친함의 차이

맹자가 말했다.

"군자는 생물을 사랑하지만 인자하게 대하지는 않으며, 백성에게 인자하지만 친하게 대하지는 않는다. 어버이를 사랑한 후에 백성에게 인자하게 대하며, 백성에게 인자하게 대한 후에 생물을 사랑한다."

지도자론
사랑으로 감싸안아라

사랑하지 않는 것 때문에 사랑하는 것을 잃는다

맹자가 말했다.

"양혜왕은 어질지 못하다. 어진 사람은 사랑으로써 사랑하지 않는 대상을 감싸안지만, 어질지 못한 사람은 사랑하지 않는 것 때문에 사랑하는 것을 잃는다."

이 말을 듣고 공손추가 물었다.

"선생님께서 하신 말씀은 무슨 뜻입니까?"

"양혜왕은 영토 때문에 사랑하는 백성들을 피투성이가 되도록 싸우게 하고도 지고 말았다. 싸움에 진 것을 보복하려고 사랑하는 아들까지 전쟁에 몰아넣어 죽게 하고 말았다. 이런 것을 가리켜 '사랑하지 않는 것 때문에 사랑하는 것을 잃는다.' 고 말한다."

지도자론
맹자로 한국 살리기

사람이 있어 온 후로 공자만한 이는 있지 않았다

공손추가 맹자에게 물었다.

"공자의 제자들 중에서도 뛰어난 인물인 재아와 자공은 말을 잘하기로 이름이 높았으며, 염우와 민자건과 안연은 말을 잘할 뿐만 아니라 덕행도 뛰어났습니다.

그런데 공자는 이 두 가지를 아울러 지녔으면서도 '나는 말을 잘하지 못한다.'고 겸손했습니다.

선생님께서는 남이 하는 말의 속뜻을 아시니 이미 성인이 되신 겁니까?"

"아니 그게 무슨 말인가. 옛날에 자공이 공자에게 '선생님께서는 성인이십니까?' 하고 물었더니 공자는 '내가 어찌 성인이 될 수 있겠느냐. 나는 배우기를 싫어하지 않고, 가르치기를 게을리 하지 않을 뿐이다.' 라고 했다.

자공이 다시 '배우기를 싫어하지 않는 것은 지혜요, 가르치기를

지도자론
사랑으로 감싸안아라

게을리 하지 않는 것은 어짊입니다. 어질고 또한 지혜 있으니 선생님이 바로 성인입니다.' 라고 했다.

　공자도 '나는 성인이 아니다.' 라고 했는데, 내가 어찌 성인일 수 있겠는가."

　"자유와 자하와 자장은 성인의 일면을 지녔으며 염우와 민자건과 안연은 성인의 모든 면모를 갖추었으나 좀 부족하다고 했습니다. 선생님은 어느 쪽입니까?"

　"나를 그들 몇 사람과 비교하고 싶지 않으니 그 말은 그만두는 것이 좋겠다."

　"은나라의 폭군 주왕을 토벌하려는 무왕의 혁명을 옳지 않다고 여겨, 수양산에 들어가 고사리를 뜯어먹고 살다 굶어 죽은 백이와, 탕왕을 도와 하나라의 폭군 걸왕을 추방하고 은나라를 세우는 데 공을 세운 이윤은 어떠합니까?"

　"백이는 한 임금이 아니면 섬기지 않고, 세상에 질서가 있으면 나오고 어지러우면 물러나는 사람이었다.

　이윤은 누군들 섬기면 임금이 아니냐고 하면서, 세상에 질서가 있을 때도 나오고 어지러울 때도 나온 사람이었다.

　그리고 공자는 벼슬할 만하면 벼슬하고, 그만두어야 할 만하면 그만두며, 오래 있을 만하면 오래 있고, 빨리 떠나야 할 만하면 빨리 떠났다.

그 세 분들은 다 성인들이지만, 그 중에서 나는 공자를 배우고 싶다."

"백이와 이윤이 공자에 비견할 만한 인물입니까?"
"아니다. 사람들이 있어 온 뒤로 공자 같으신 분은 아직 없었다."
"그렇다면 세 사람이 서로 닮은 점은 있습니까?"
"있다. 1백 리의 땅을 얻어 통치한다면, 세 사람 다 제후들의 조회를 받고 천하를 얻을 수 있는 사람들이지만, 한 가지라도 불의를 행하고 한 사람이라도 죄없는 자를 죽여야 천하를 얻는다면, 차라리 천하를 포기할 사람들이다. 이런 점이 같다고 할 것이다."
"그렇다면 세 사람이 서로 다른 점은 무엇입니까?"
"성인을 알아보는 지혜를 가졌고, 좋아하되 치우치지 않는 중심을 가진, 재아와 자공과 유약의 말을 들어 보면 알 수 있다.

재아는 '내가 본 공자는 요순보다도 훨씬 훌륭하시다.'고 말했다.

자공은 '그 사람의 예를 보면 그 사람의 정치를 알 수 있으며, 그 사람의 음악을 들으면 그 사람의 덕을 알 수 있다. 1백 세대 후로 1백 세대의 임금들을 견주어 보더라도 이 표준에서 벗어나는 일이 없다. 이 세상에 사람이 생겨난 이래로 공자 같은 분은 있지 않았다.' 고 말했다.

유약은 '기린은 짐승 가운데서 가장 뛰어난 짐승이요, 봉황은 새

지도자론
사랑으로 감싸안아라

가운데서 가장 뛰어난 새이며, 태산은 산 가운데서 가장 명산이며, 바다는 물 가운데서 가장 넓은 물이다. 마찬가지로 성인은 온 인류 가운데 가장 뛰어난 사람이니, 사람이 생긴 이래 오늘날까지 공자보다 더 훌륭한 사람은 있지 않았다.' 라고 말했다."

☞ 민자건(閔子騫) : 덕행(德行)이 높았다. 이름이 손(損)으로 효행이 지극했다.
☞ 안연(顔淵) : 이름은 회(回). 공자가 가장 사랑하던 수제자였는데, 일찍 죽어 공자가 많이 안타까워했다.
☞ 백이(伯夷) : 은(殷)나라 말기 고죽군(孤竹君)의 아들. 폭군인 주왕(紂王)의 어지러운 정치를 피해 은거하다, 주(周)나라 무왕(武王)이 제후로서 천자인 주왕을 토벌하는 것이 옳지 않다고 간언했는데 무왕이 듣지 않자, 동생 숙제(叔齊)와 함께 수양산에 들어가 고사리를 뜯어 먹고 살다가 굶어 죽었다.

우임금과 후직의 책임감

물을 잘 다스려 백성을 살렸다는 우임금과, 농사짓는 법을 가르쳐 백성을 살렸다는 후직은, 두 사람 다 요순 시대의 평화로운 세상에 태어난 사람들이다. 우임금은 자신에게 맡겨진 직책을 완수하기 위해 동분서주하느라고 자기 집 앞을 세 번씩이나 지나가면서도 집에 들르지 못했다.

공자는 우임금과 후직을 현자라고 찬양했다.

안회는 어지러운 세상에 태어나 누추하고 좁은 집에 살면서, 한 소쿠리의 밥과 한 표주박의 물로써 만족하며 살았다. 다른 사람이라면 그와 같은 고생을 견디지 못했겠지만, 안회는 오히려 거기서 즐거움을 느끼고 그런 생활을 바꾸지 않았다.

공자는 그렇게 산 안회를 현자라고 일컬었다.

지도자론
사랑으로 감싸안아라

맹자가 말했다.

"우임금은 물에 빠진 사람이 있을 때는, 자기가 치수를 잘못해서 생긴 사고로 여겨, 자기가 그를 물에 빠뜨린 것이라고 생각했다. 그래서 집 앞을 세 번씩이나 지나면서도 집에 들르지도 못하고 동분서주한 것이다.

후직은 굶주리는 자가 있으면 자기가 농사일을 잘못 가르쳐서 생긴 결과로 여겨, 자기가 그를 굶주리게 한 것이라고 생각했다.

우임금과 후직이 서로의 처지를 바꾸었더라도 마찬가지였을 것이다.

예를 들어, 함께 사는 가족 가운데 한 사람이 밖에 나가서 싸운다면, 그를 도와 주려고 머리카락이 풀려 흐트러진 채 갓끈을 매어 가면서 급히 뛰어가 도와 주어도 좋다. 그러나 동네에서 이웃 사람이 싸우는데, 머리를 풀어 헤친 채로 갓끈을 매어 가면서 급히 가서 그를 도와 준다면, 그것은 잘못 생각한 행동이다. 그런 때는 문을 닫고 집 안에 가만 있어도 좋을 것이다."

⑤ 공직자론
나아가고 물러날 때를 알라

잘못을 인정하라 / 책임을 다하지 못하면 / 총애를 믿고 자기 멋대로 하는 사람에게는 / 선비는 이익을 좇아 뛰어다니면 안 된다 / 내가 그대를 거절하는 것이겠소 / 나에게 왕도 정치를 펼 기회를 준다면 / 내가 녹봉을 받지 않는 이유 / 선비는 왜 벼슬살이를 해야 하는가 / 혼자서 임금의 생각을 바꿀 수 없다 / 선비의 자존심을 살려 주라 / 무엇을 청렴하다고 하는가 / 나쁜 신하란 어떤 사람인가 / 낮은 자리와 높은 자리 / 신하는 임금을 어떻게 섬겨야 하는가 / 임금에게 좋은 신하는 백성의 적 / 나아가는 경우 세 가지와 물러나는 경우 세 가지 / 훌륭한 인재는 고난 속에서 태어난다 / 나아가는 것이 빠른 사람은 물러나는 것도 빠르다 / 우리가 본받아야 할 사람 / 선을 좋아한 악정자 / 사이비 인간을 조심하라

공직자론
맹자로 한국 살리기

잘못을 인정하라

지난해 가뭄으로 기근이 들어 많은 사람들이 굶어 죽은 평륙 고을의 책임자 공거심에게 맹자가 책임을 추궁했다.

"그대가 거느리는 부하 가운데 창을 든 병사가 하루에 세 차례나 대열에서 뒤떨어진다면 군법에 의해 파면하겠소, 아니면 모른 척하고 넘어가겠소?"

"세 차례까지 기다릴 것도 없이 파면하겠습니다."

"그대가 다스리는 고을에 흉년이 들어 백성들이 굶어 죽었는데도 손을 쓰지 않았소. 이것은 낙오병이 저지른 잘못보다 훨씬 큰 잘못인데, 그대의 잘못에 대해서는 어떻게 생각하시오?"

"저의 힘으로는 감당할 수 없는 일이었습니다. 굶주리는 백성들을 구하려면 나라의 창고를 열어야 하는데, 그것은 임금의 권한이므로 저로서는 어찌 할 수 없는 일이었습니다."

"남의 소나 양을 맡아 길러 주는 목동이 있다고 합시다. 그 목동에게는 소나 양이 먹을 목초를 마련해야 할 책임이 있다 할 것이오. 그러나 목초를 구하지 못해 소나 양이 굶주릴 처지에 빠지면 그 때는 소나 양을 임자에게 돌려보내야 하겠소, 아니면 소나 양이 굶어 죽어 가는 모습을 우두커니 구경만 해야 하겠소?"
"말씀을 듣고 보니 제가 잘못한 것 같습니다."
공거심은 비로소 잘못을 시인했다.
도성으로 돌아온 맹자는 임금을 만나 평륙 고을에서 있었던 일을 보고했다.
"제나라의 고을을 다스리는 지방 장관 가운데 자기의 잘못을 인정한 사람은 오직 공거심 한 사람뿐이었습니다."
맹자의 말을 들은 임금도 굶주리는 백성을 위해 창고의 문을 열어 백성들을 구하지 못한 것이 자신의 잘못임을 깨달았다.
"백성들이 굶주리게 놔둔 것은 나의 잘못이라 하겠습니다."

> 공직자론
> 맹자로 한국 살리기

책임을 다하지 못하면

　제나라 영구 고을의 군수 지와가 중앙의 사사(士師-법무장관)로 승진하여, 잘못 처리되는 형벌을 임금에게 간하는 책임을 맡았다.
　지와가 사사 자리에 앉은 지 여러 달이 지났건만, 임금에게 간하는 일이 한 번도 없었다.
　맹자가 지와에게 말했다.
　"그대가 사사 자리에 앉은 지 여러 달이 지났는데, 아직 한 건도 간언하지 못하였으니 어인 까닭이오?"
　맹자의 말에 자극을 받은 지와는 임금에게 간언했으나, 임금이 받아들이지 않으므로 사직하고 떠나 버렸다.
　제나라 사람들은 이 일을 두고 맹자에게 불평했다. 지와는 임금이 간언을 받아들이지 않자 사직하고 떠났는데, 맹자는 자신이 주장하는 왕도 정치가 제나라에서 시행되지 않는데도 머물러 있으니 그것이 잘한 일이냐는 불평이었다.

공직자론
나아가고 물러날 때를 알라

"지와에게 간언을 하라고 충고한 것은 잘한 일이다. 그러나 맹자 자신의 처사에 대해 우리는 이해할 수가 없다."

맹자의 제자 공도자가 이런 말을 맹자에게 전해 주었다. 맹자는 공도자의 말을 듣고 이렇게 말했다.

"벼슬자리에 있는 사람이 책임을 다하지 못하면 물러나야 하는 것이고, 임금에게 진언해야 할 직책에 있는 사람의 말을 임금이 받아들이지 않으면 그 자리에서 물러나야 하는 것이다. 그러나 나는 벼슬자리에 있는 것이 아니고, 임금에게 진언해야 할 직책에 있는 것도 아니니, 내가 나아가고 물러나는 것은 어디까지나 자유로운 것이 아니겠는가."

> 공직자론
> 맹자로 한국 살리기

총애를 믿고 자기 멋대로 하는 사람에게는

맹자가 제나라 선왕의 사신 자격으로 등나라에 조문을 가게 되었다. 선왕은 왕환을 부사로 삼아 맹자를 수행하게 했다.
왕환은 아첨을 잘하여 선왕의 총애를 받는 인물로, 정사인 맹자를 제쳐두고 모든 실무를 독단적으로 처리했다.
왕환은 아침저녁으로 맹자를 찾아뵈었으나, 맹자는 조문 행사에 대해 한 마디도 왕환에게 의논하지 않았다.

공손추가 맹자에게 물었다.
"제나라에서 등나라까지는 꽤 머언 길입니다. 등나라를 갔다오는 동안 선생님은 부사인 왕환에게 한 마디도 의논하지 않으셨다는데, 왜 그렇게 하셨습니까?"
"그 사람이 다 잘 알아서 처리하는데 내가 무슨 말을 하겠는가?"

공직자론
나아가고 물러날 때를 알라

 맹자는 왕환처럼 임금의 총애를 믿고 모든 일을 자기 멋대로 처리하는 사람에게 아예 상대를 하지 않음으로써 애써 무시해 버리려는 태도를 보인 것이다.

☞ 왕환(王驩) : 제선왕의 총애를 받던 신하. 처음에 합읍(盍邑)의 지방 장관이었으나 경(卿)의 지위에 올랐다.

공직자론
맹자로 한국 살리기

선비는 이익을 좇아 뛰어다니면 안 된다

맹자가 제나라를 떠나려고 하자, 선왕이 맹자를 찾아와 말했다.
"선생께서는 나를 버리고 떠나시려 합니다. 앞으로 다시 만날 수 있을지 모르겠습니다."
"저도 다시 만나게 되기를 바랍니다."
맹자가 제나라를 떠나려는 까닭은 맹자가 주장하는 왕도 정치를 선왕이 받아들이지 않기 때문이었다.
선왕은 맹자의 왕도 정치를 받아들이지 않았으나 덕망 높은 맹자를 보내고 싶지는 않았다. 그래서 선왕은 신하인 시자(時子)에게 말했다.
"나는 맹자께 집을 마련해 드리고 1만 섬의 녹봉을 드려 제자를 기르게 하며, 여러 대부와 나라 사람들이 공경하고 본받게 하고 싶었다. 그대는 이 말을 맹자께 전하라."
이 말을 전해 들은 맹자는 선왕의 제의를 거절하고 이렇게 말했다.

공직자론
나아가고 물러날 때를 알라

"옛날에 계손이 '이상하다, 자숙의여, 정치를 하다가 받아들여지지 않으면 곧 그만두고 말 것이지 어찌하여 아들에게 높은 벼슬살이를 시켰는가. 자숙의는 혼자서만 부귀 가운데 우뚝 높은 자리를 차지한다.'고 말했다. 내가 여기서 주저앉는다면 계손이 말한 자숙의와 무엇이 다르겠는가.

옛날에는 시장에서 서로 물물 교환을 했으며, 시장 담당 관리가 부정한 거래를 단속했다. 그런데 한 천한 사내가 좋은 자리를 차지하고 이리저리 뛰어다니면서 시장의 이익을 독점했다.

사람들이 다 그를 천하게 여겼으므로 그에게서 세금을 거두었다. 장사꾼에게서 세금을 거두는 일은 그 천한 사내 때문에 시작된 것이다.

1만 섬의 녹봉에 눈이 어두워 내가 여기서 주저앉는다면, 이익을 좇아 이리저리 뛰어다니던 그 천한 사내와 무엇이 다르겠는가."

☞ 계손씨(季孫氏) : 노(魯)나라의 권신(權臣). 숙손씨(叔孫氏), 맹손씨(孟孫氏)와 함께 큰 세력을 이루어 노나라의 정치를 좌지우지 했다.

공직자론
맹자로 한국 살리기

내가 그대를 거절하는 것이겠소?

맹자가 제나라를 떠나 작은 고을에서 묵었다.

맹자의 떠남을 만류하려는 사람이 있어, 그가 맹자 앞에 공손히 꿇어앉아 간곡히 말했다.

맹자는 들은 척도 하지 않고 안석에 기대어 누워 말았다.

꿇어앉아 말하던 사람은 맹자의 그런 태도에 감정이 상해 이렇게 말했다.

"선생님께서 몸을 눕히시고 제 말을 듣지 않으시니, 다시는 선생님을 찾아뵈러 오지 않겠습니다."

맹자는 그제서야 자리에서 일어나 그를 자리에 앉히고 말했다.

"내 그대에게 분명하게 말하겠소. 옛날 노나라의 목공은 자사를 극진히 예우하여, 항상 사람을 시켜 자사를 도와 주게 했습니다. 자사 곁에서 성의를 다해 모시는 사람이 없었다면, 목공은 자사를 편안히 해드리지 못했을 것입니다.

공직자론
나아가고 물러날 때를 알라

　그 당시 노나라에는 자사 외에도 설류와 신상이라는 사람이 와 있었는데, 목공의 어진 신하들이 중간에서 그들을 돕지 않았다면 그들은 편안하게 지내지 못했을 것입니다.
　그대가 나를 극진히 생각해 주기는 하지만, 노나라 목공의 신하들이 자사를 대하는 태도에 비하면 도저히 미치지 못합니다. 그대가 나를 거절하는 것이겠소, 내가 그대를 거절하는 것이겠소?"

☞ 설류(泄柳) : 노나라의 현자(賢者).
☞ 신상(申詳) : 공자의 제자인 자장(子張)의 아들로 현자(賢者).

공직자론
맹자로 한국 살리기

나에게 왕도 정치를 펼 기회를 준다면

 맹자가 주라는 작은 고을에서 사흘을 묵은 후에 제나라를 떠났다. 맹자가 사흘씩이나 묵은 것을 놓고 윤사가 이렇게 비꼬았다.
 "맹자가 우리 왕께서 옛날 은나라의 탕왕이나 주나라의 무왕과 같은 어진 임금이 될 수 없다는 것을 모르고 제나라를 찾아왔었다면, 그것은 그의 지혜가 밝지 못한 까닭이며, 만약 어진 임금이 될 수 없다는 것을 알면서도 왔었다면, 그것은 맹자가 벼슬자리나 하나 얻으려고 온 것이라고 볼 수밖에 없다.
 맹자가 천리 길을 멀다 않고 우리 제나라 선왕을 찾아왔다가 뜻이 맞지 않아 떠나가는 것이라면, 훌훌 털고 떠나가는 것이 옳은 태도인데, 사흘씩이나 머무른 다음에야 떠나갔다. 맹자는 무엇을 바라고 그렇게 머뭇거리고 있었단 말인가. 우리 임금이 다시 불러 더 높은 자리와 더 많은 녹봉을 주기를 기다렸다고 볼 수밖에 없다. 나는 그의 이런 태도가 불쾌하다."

공직자론
나아가고 물러날 때를 알라

맹자는 제자에게서 이 말을 전해 듣고 이렇게 말했다.

"윤사가 어찌 나의 심정을 헤아릴 수 있었겠는가. 천리 길을 멀다 않고 찾아가 제나라의 선왕을 만난 것은 내가 하고자 해서 한 일이었지만, 이제 서로 뜻이 맞지 않아 떠나가는 것이 어찌 내 뜻이라고만 하겠는가. 하는 수 없어서 떠나가는 것일 뿐이다.

내가 사흘을 묵고 떠나간 것도 나의 마음에는 오히려 빠른 것으로 생각했다. 그 동안이라도 선왕이 마음을 고치기를 바랐던 것이다. 그 동안 선왕이 마음을 고쳤더라면 선왕은 나를 제나라로 되돌아가게 했을 것이다.

선왕은 내가 사흘을 묵고 떠날 때까지도 나를 붙들러 쫓아오지 않았다. 그래서 나는 마음이 활짝 풀려 제나라를 떠날 생각이 일었던 것이다. 내 어찌 마음으로까지 선왕을 버릴 수 있겠는가.

선왕은 아직도 어진 정치를 베풀 수 있는 소질을 지니고 있다. 만일 지금이라도 나에게 왕도 정치를 펼 수 있는 기회를 준다면 나는 선왕으로 하여금 왕도 정치를 펴게 할 것이다.

이것이 어찌 제나라 백성만 편하게 하는 일이겠는가. 더욱 발전해서 온 천하의 백성들이 다 편안하게 될 것이 아니겠는가.

나는 선왕이 마음을 고쳐 어진 정치를 펴게 될 것을 언제 어디서나 바라고 있을 것이다.

나는 윤사의 말처럼 옹졸한 사람이 아니다. 그의 말처럼, 내가 임금에게 건의한 것들이 받아들여지지 않으면 그 자리에서 성난 빛을 얼굴에 띠고, 급히 서둘러 그 날 해가 다 지도록 떠나다가 해가 진 뒤에야 쉬는 그런 사람이어야 하겠는가."
  윤사는 맹자의 말을 전해 듣고
  "나는 소인이구나."
하고 경솔하게 생각했던 자신을 뉘우쳤다.

공직자론
나아가고 물러날 때를 알라

내가 녹봉을 받지 않는 이유

맹자가 제나라를 떠나 휴라는 고을에 머물렀다. 그 때 제자인 공손추가 물었다.

"선생님께서는 제나라에서 녹봉을 받지 않으셨습니다. 벼슬을 하면서도 녹봉을 받지 않는 것이 옛날의 도입니까?"

"그렇지 않다. 내가 제나라의 선왕을 처음 만났을 때 왕도 정치를 역설했으나, 실현될 가망이 없었으므로 나는 물러나와 제나라를 떠날 생각을 했다.

그런 뒤로도 떠날 생각을 바꾸지 않았으며, 떠날 생각을 하고 있으면서 녹봉을 받는다는 것은 의리에 어긋나는 일이기 때문에 받지 않았던 것이다.

그러던 중 전쟁이 일어났다. 전쟁을 하고 있는 임금에게 차마 떠나겠다는 말을 할 수가 없었다. 이것은 예의요, 의리일 뿐이다. 제나라에 오래 머물러 있었던 것은 나의 본뜻이 아니었다."

선비는 왜 벼슬살이를 해야 하는가

사람이 학문을 하는 목적은 공직에 나아가 백성들에게 이로움을 베푸는 데 있다. 옛날의 군자들은 모두 관직에 나가기를 바랐다. 그런데 맹자는 자신을 조금만 굽히면 관직에 나갈 수 있으련만, 도무지 관직에 나갈 생각이 없는 것처럼 처신했다.

위(魏)나라 사람 주소가 맹자에게 벼슬할 마음이 있는지 없는지 마음을 떠 보기 위해 물었다. 말하자면 선비의 현실 참여에 관한 생각을 물어 본 것이다.

"옛날에는 군자들이 관직에 나갔습니까?"

"물론입니다. 전해 오는 기록에 따르면 '공자께서는 석 달 동안 섬길 임금이 없으면 초조해했으며, 그래서 다른 나라를 찾아갈 때는 예물을 싣고 가셨다.'고 합니다. 공명의도 '옛날 사람은 석 달 동안 섬길 임금이 없는 사람에게는 위로를 했다.'고 말했습니다."

"석 달 동안 벼슬살이를 못했다고 해서 위로했다? 너무 조급한

공직자론
나아가고 물러날 때를 알라

것 아닙니까?"
 "선비가 벼슬을 잃는 것은 제후가 나라를 잃는 것과 같습니다. '예기'의 제의편에 보면 '제후는 임금이 내린 밭을 갈아서 제사에 올릴 곡식을 대고, 아내는 누에치고 실을 뽑아 제사 때 입을 옷을 짓는다.'라고 했습니다.
 제사 때 희생에 쓸 가축이 살찌지 않고, 제사에 쓸 곡식이 깨끗하지 않으며, 제사 때 입을 옷이 갖추어지지 않으면 제사를 드리지 못하는 것입니다.
 제사를 드리지 못하면 주연도 베풀지 못합니다. 그러니 벼슬하지 못한 사람을 위로하지 않을 수 있겠습니까."
 "공자는 다른 나라를 방문할 때 왜 예물을 싣고 갔을까요?"
 "선비가 벼슬하는 것은 마치 농부가 농사를 짓는 것과 같습니다. 농부가 어찌 국경을 나갈 때라고 해서 농기구를 버리겠습니까. 선비가 벼슬을 바라는 것은 당연한 일이지요."
 "선비에게 벼슬살이가 그처럼 꼭 해야 할 일이라면, 선생께서는 왜 벼슬하는 데 여러 가지 조건과 명분을 까다롭게 따지십니까?"
 "집안에서 아들을 낳으면 장가보낼 것을 생각하며, 딸을 낳으면 시집보낼 것을 생각하는 것이 부모의 마음입니다. 그러나 아들딸이 부모의 말과 중매를 기다리지 않고, 담을 넘어다니고 벽에 구멍을 뚫어 밀회를 한다면, 사람들이 천하게 여길 것입니다.
 옛날 선비들 가운데 벼슬하기를 바라지 않은 이가 없었지만, 정당한 방법에 따르지 않는 벼슬은 싫어했습니다.
 정당한 방법에 따르지 않고 벼슬하기 위해 제후를 만나러 다니는 짓은, 벽에 구멍을 뚫고 남자와 여자가 서로 들여다보는 것과 같은 천한 짓입니다."

공직자론
나아가고 물러날 때를 알라

혼자서 임금의 생각을 바꿀 수 없다

대불승은 송나라의 정치가다. 강왕에게 설거주라는 어진 선비를 천거하여, 강왕이 어진 정치를 펴기를 바랐다.

맹자가 대불승에게 물었다.

"초나라 사람이 아들에게 제나라 말을 가르치려고 한다면, 제나라 사람을 시켜 말을 가르쳐야겠습니까, 아니면 초나라 사람을 시켜 가르쳐야겠습니까?"

"그야 물론 제나라 사람을 시켜 가르쳐야겠지요."

"한 사람의 제나라 사람이 제나라 말을 가르치고, 수많은 초나라 사람들이 초나라 말로 마구 떠들어댄다면, 매일 회초리로 때려가며 제나라 말을 가르친다 해도 아무 소용이 없을 것입니다. 그러나 그 아이를 제나라의 번화한 거리에 데려다 놓으면, 매일 회초리로 때리면서 초나라 말을 하라고 해도 하지 않을 것입니다. 그대는 설거주가 어진 선비이기 때문에 강왕에게 천거했습니다.

한 사람의 어진 선비가 임금을 보필할 때, 임금 곁에 있는 사람들이 나이가 많거나 어리거나, 지위가 높거나 낮거나 간에, 설거주처럼 모두 어진 사람들이라면, 임금이 어찌 어진 행위를 하지 않을 수 있겠습니까.

그러나 설거주가 제아무리 어진 사람이라 하더라도, 혼자서 강왕을 어진 임금이 되게 할 수는 없는 것입니다."

☞ **대불승**(戴不勝) : 송나라의 공족(公族)으로 송나라의 정치를 맡아보던 사람.
☞ **설거주**(薛居州) : 송나라의 신하. 어진 선비로 알려졌다.

선비의 자존심을 살려 주라

공손추가 맹자에게 물었다.

"선생님은 왜 제후들을 찾아가 만나지 않으십니까?"

"옛날 사람들은 제후의 신하가 되지 않고서는 그 제후를 만나지 않았다. 위(魏)나라의 문후가 곧은 선비 단간목을 만나려고 그의 집을 방문했으나 단간목은 담을 넘어 피했고, 노나라의 목공이 어진 선비 설류를 찾아갔지만 문을 닫고 맞아들이지 않았다.

이 두 사람의 경우는 너무 심했다 할 것이다. 임금이 직접 찾아와 만나자고 할 때는 만나 보는 것도 좋을 것이다.

노나라의 대부 양화는 공자를 오라고 불렀다가 무례하다는 말을 들을까 두려워서, 공자가 집을 비운 때를 이용해 돼지고기를 선물로 보냈다.

대부가 선비에게 선물을 보냈을 때 선비가 집을 비우고 없었다면, 나중에 선비는 대부를 찾아가 절을 하고 고마움을 표하는 것이 당시의 예였다. 양화는 공자가 나중에 인사하러 올 것을 기대하고 그렇게 한 것이다.

공자는 양화의 속마음을 알아차리고, 양화가 집에 없을 때 찾아가서 답례를 하고 왔다. 그러니 결국 양화는 공자를 만나지 못한 것이다.

양화가 계략으로 공자를 오게 하지 않고 참다운 예로써 대했다면, 공자는 양화를 찾아가 만났을 것이다.

증자는 '어깨를 올려가며 간사한 웃음으로 아첨을 떨기란 여름철에 햇볕 아래서 밭일하기보다 더 힘이 든다.'고 말했고, 자로는 '뜻이 맞지 않으면서도 마치 뜻이 맞는 듯이 함께 어울려 대화하는 사람의 안색을 살펴보면 부끄러워 빨개지는데, 그런 것은 내가 알 바 아니다.' 라고 말했다.

이런 예화를 통해 우리는 군자의 수양하는 목표가 무엇인지 알 수 있을 것이다."

☞ 단간목(段干木) : 위(魏)나라 문후(文侯) 때의 현인(賢人)으로 절개가 굳었다고 전한다.
☞ 설류(泄柳) : 춘추시대 노나라의 어진 선비. 자(字)는 자류(子柳).
☞ 양화(陽貨) : 공자와 같은 시대에 살았던 사람으로 노나라의 세력가인 계손씨(季孫氏)의 가신(家臣). 양호(陽虎)라고도 한다.

공직자론
나아가고 물러날 때를 알라

무엇을 청렴하다고 하는가

　제나라 사람 진중자는 대대로 큰 벼슬을 해 온 집안의 후예이다. 그의 집안은 대대로 벼슬살이를 한 까닭에 직접 생산에 종사하는 사람이 한 사람도 없었다.
　진중자는 귀족으로서의 부를 부정하고, 어머니까지 버리고 형의 집에서 나와 오릉이라는 곳에 살면서, 일하며 사는 삶을 개척해 갔다.
　진나라의 침공을 물리쳤고, 연나라를 쳐서 크게 승리를 거두었던 광장이 맹자에게 말했다.
　"진중자야말로 청렴한 선비가 아니겠습니까. 그는 사흘이나 먹지 못해 귀가 들리지 않았고, 눈이 보이지 않았습니다. 우물가에 떨어져 굼벵이들이 반쯤 파먹은 오얏을 진중자가 기어가 주워 먹었는데, 세 개째 먹으니 겨우 귀가 들리고 눈이 보였다고 합니다."
　"나도 제나라 선비 가운데 진중자를 첫손가락에 꼽습니다. 그러나 청렴하다고는 말하지 않겠습니다. 진중자가 자기 뜻을 굽히지 않고 살아가려면 지렁이가 된 다음이라야 가능할 것입니다. 지렁이는 위에서는 마른 흙을 먹고 아래서는 땅 속의 물을 마시고 사니까 말입니다.

　진중자는 백이처럼 청렴한 사람이 지은 집에서 살고 있습니까, 아니면 도척과 같은 악독한 사람이 지은 집에서 살고 있습니까? 진중자가 먹는 곡식은 백이가 심어 가꾼 것입니까, 아니면 도척이 심어 가꾼 것입니까? 우리는 그것을 알 수 없습니다."

　"그런 것이 무슨 상관입니까. 진중자는 손수 신을 삼고, 아내는 삼실을 뽑아 길쌈을 하여 그것으로 물건을 바꾸어 쓰고 있습니다."

　"진중자는 제나라에서 대대로 큰 벼슬을 해 온 집안의 사람입니다. 그의 형이 나라에서 받은 녹이 만 섬이나 되었습니다. 진중자는 형의 녹이 의롭지 않은 것이라 하여 먹지 않았고, 형의 집이 의롭지 않은 집이라 하여 살지 않았으며, 형을 피하여 어머니 곁을 떠나 오릉에서 살았습니다.

　어느 날 그가 형의 집에 갔더니, 선물로 들어온 거위가 있었습니다. 진중자는 이맛살을 찌푸리며 형에게 '이 꽥꽥거리는 것을 무엇에 쓰렵니까?' 하고 핀잔을 주었습니다.

　며칠 후 어머니가 거위를 잡아 진중자에게 주었습니다. 진중자가 고기를 먹고 있는데 형이 밖에서 들어와 '그 고기가 바로 꽥꽥거리던 것이다.' 라고 말하자 진중자는 먹던 것을 토해 버렸다고 합니다.
 이런 식으로 지조를 지켜 나갈 수 있다고 보십니까? 진중자와 같은 사람은 지렁이가 된 후에라야 지조를 지켜 나갈 수 있을 것입니다."

☞진중자(陳仲子) : 제나라 명문의 집안 사람으로서, 불의와 타협하지 않고 숨어 산 지사.

나쁜 신하란 어떤 사람인가

맹자가 말했다.

"공자의 제자 염구는 동생의 가신(家臣)이 되었으면서 동생의 악덕함을 고쳐 주지는 못하고, 세금으로 거두어들이는 곡식을 배로 늘렸다.

이를 안 공자께서는 '염구는 나의 제자가 아니다. 너희는 북을 울려 염구를 성토하라.' 며 화를 내셨다.

이 말로 미루어 보아 임금이 어진 정치를 펴지 않는데도 그 임금을 도와 주면, 그런 신하는 모두 공자에게 버림받았다는 것을 알 수 있다.

그런데 그런 신하보다 더 나쁜 신하는 임금을 위해 무리한 전쟁을 일으킨 사람이다.

땅을 빼앗으려고 싸우면서 사람을 많이 죽게 한다면, 땅으로써 사람을 잡아먹게 하는 것과 같다. 그 죄는 죽여도 모자랄 것이다.

| 공직자론 |
| 나아가고 물러날 때를 알라 |

그래서 전쟁을 좋아하는 자는 극형에 처하고, 힘을 키우려고 제후들을 연합하는 자는 그 다음 형벌에 처하고, 경제력을 늘리려고 황무지를 개간하는 자는 그 다음의 형벌에 처해야 할 것이다."

낮은 자리와 높은 자리

맹자가 말했다.

"선비가 벼슬하는 목적은 가난을 면하려는 데 있는 것이 아니지만, 때에 따라서는 가난을 면하기 위해 하는 수도 있으며, 아내를 맞이하는 목적은 일을 시키기 위해서가 아니지만, 때에 따라서는 일을 시키기 위해 하는 경우도 있다.

가난을 면하기 위해 하는 벼슬이라면 높은 지위를 사양하고 낮은 자리에 있어야 하며, 많은 녹을 사양하고 적은 녹을 바라야 한다. 높은 지위를 사양하고 낮은 자리에 있으며, 많은 녹을 사양하고 적은 녹을 취하는 것이라면 어떤 자리가 적당할 것인가. 성문지기나 야경꾼이 가장 적당할 것이다.

공자께서도 일찍이 창고지기를 지낸 일이 있다. 그 때는 '장부를 맞추면 될 뿐이다.' 라고 말하셨다.

또 일찍이 목동 일을 한 적이 있는데, 그 때는 '소와 양이 무럭 무럭 자라게 할 뿐이다.'라고 말하셨다.
 벼슬이 낮으면서 높은 자리의 할 일을 말하는 것은 죄가 되며, 조정의 높은 자리에 있으면서도 나라가 바르게 다스려지지 않는 것은 수치이다."

공직자론
맹자로 한국 살리기

신하는 임금을 어떻게 섬겨야 하는가

제나라의 선왕이 맹자에게 물었다.
"신하된 자는 어떻게 임금을 섬겨야 합니까?"
"신하에는 두 종류가 있습니다. 하나는 임금의 친척이요, 다른 하나는 친척이 아닌 사람들입니다. 임금이 나라를 크게 잘못 다스릴 때, 임금의 친척이 되는 신하들은 임금의 잘못을 고치라고 간하고, 되풀이해서 간해도 듣지 않을 때는 임금을 바꾸어야 합니다. 친척이 아닌 신하들은 임금의 잘못을 고치라고 간하고, 되풀이해서 간해도 듣지 않을 때는 다른 나라로 가 버립니다."
맹자의 말을 들은 선왕은 얼굴빛이 벌개졌다.

> 공직자론
> 나아가고 물러날 때를 알라

임금에게 좋은 신하는 백성의 적

맹자가 말했다.

"오늘날 임금을 섬긴다는 자들은 '임금을 위해 땅을 넓히고 창고를 가득 채우겠다.'고 말한다. 이렇게 말하는 이른바 오늘날의 좋은 신하라고 하는 자들은 옛날 같으면 다 백성들의 적이다.

임금이 '인의'에 뜻을 두지 않는데도 그런 임금을 부유하게 만들려고 하니, 이것은 걸왕과 같은 임금을 부유하게 만드는 것이 아니고 무엇인가.

오늘날의 도리를 따르고 오늘날의 풍속을 고치지 않는다면, 비록 천하를 그에게 준다 해도, 하루도 그 자리에 앉아 있지 못할 것이다."

공직자론
맹자로 한국 살리기

나아가는 경우 세 가지와 물러나는 경우 세 가지

진자가 맹자에게 물었다.

"옛날 사람들은 어떠한 경우에 벼슬을 했습니까?"

"벼슬하러 나가는 경우가 세 가지 있고, 벼슬에서 물러나는 경우가 세 가지 있다.

첫째, 예를 갖추어 나를 맞이하고, 공경을 다하여 나를 대하고, 내가 건의하는 정책을 실천하겠다고 하면 벼슬에 나가고, 나중에 나를 대하는 예의와 공경이 줄어들지는 않았으나 건의한 정책이 받아들여지지 않을 때는 벼슬에서 물러난다.

둘째, 건의한 정책이 받아들여지지 않더라도, 예의와 공경을 다해 나를 맞이하면 벼슬에 나가고, 나중에 나를 대하는 데 예의와 공경이 줄어들면 물러난다.

셋째, 아침저녁 굶주려 문 밖에도 나가지 못하는 내 처지를 임금이 전해 듣고, '그가 건의한 정책을 받아들이지 않았으나 그가 내 땅에서 굶주린다는 것은 부끄러운 일이다.'고 하며 구제하여 준다면 벼슬을 받아도 좋다. 그러나 이 경우는 죽음을 면하는 데 그칠 뿐이다."

훌륭한 인재는 고난 속에서 태어난다

맹자가 말했다.

"순임금은 밭고랑 가운데서 일어났고, 부열은 토목 공사장에서 발탁되었다. 교격은 소금과 생선을 파는 저자에서, 관이오는 감옥에서, 손숙오는 바닷가에서, 백리해는 시장바닥에서 발탁되었다.

하늘이 사람에게 큰 임무를 맡기려면, 먼저 그의 마음을 괴롭히고, 그의 살과 뼈를 지치게 만들며, 그의 배를 굶주리게 하고, 그의 생활을 곤궁하게 하여, 하는 일이 뜻과 같지 않게 만든다.

그것은 그의 마음을 분발케 하고 화를 참게 하여, 전에는 해내지 못하던 일을 나중에 더 많이 해낼 수 있도록 해 주기 위해서인 것이다.

사람은 잘못을 저지르고 난 뒤에야 고칠 줄 알고, 많은 번민을 하고 난 뒤에야 일을 하게 된다.

번민이 얼굴과 목소리에 나타날 정도까지 괴로움을 겪은 뒤에야 비로소 마음 속에서 도리를 깨닫게 된다.

안으로 법도를 잘 지키는 가문과 현명한 신하가 없고, 밖으로 적대하는 나라와 외환이 없다면 그 나라는 망하고 마는데, 그런 뒤에야 삶은 우환 속에서 유지되고, 나라는 안락 속에서 망한다는 사실을 알게 된다."

☞ **부열**(傅說) : 은(殷)나라 왕 무정(武丁)에게 기용된 현신(賢臣).
☞ **교격**(膠鬲) : 난리를 당해 생선과 소금을 팔다가 문왕에게 기용된 현신.
☞ **관이오**(管夷吾) : 관중(管仲). 처음에 제나라 환공(桓公)의 형 공자규(公子糾)의 신하로 환공과 싸우다 패하여 포로가 되었다가, 친구인 포숙아(鮑叔牙)의 추천으로 환공에게 기용되어 환공으로 하여금 패자(覇者)가 되게 하였다.
☞ **손숙오**(孫叔敖) : 바닷가에 숨어 살다가 초(楚)나라 장왕(莊王)에게 기용된 현신. 양두사(兩頭蛇)의 고사로써 널리 알려져 있다.
☞ **백리해**(百里奚) : 우(虞)나라의 신하였으나, 우나라가 진(晉)나라에게 멸망할 것을 미리 짐작하고 우나라를 떠나 진(秦)나라로 가 목공(穆公)을 도와 패자(覇者)가 되게 한 현신(賢臣).

나아가는 것이 빠른 사람은 물러나는 것도 빠르다

맹자가 말했다.

"그만두지 않아야 할 때 그만두는 사람은 모든 일을 그만두기만 할 것이며, 후하게 해야 할 때 야박하게 하는 사람은 모든 사람에게 야박할 것이다.

나아가는 것이 빠른 사람은 물러나는 것도 빠르다."

공직자론
나아가고 물러날 때를 알라

우리가 본받아야 할 사람

맹자가 말했다.

"은나라 말기에 폭군 주왕을 피해 은거했던 백이는 바르지 않은 것을 보지 않았고, 바르지 않은 소리를 듣지 않았다.

자기에게 맞는 임금이 아니면 섬기지 않았고, 자기에게 맞는 백성이 아니면 다스리지 않았다.

세상이 다스려지면 조정에 나가 벼슬했고, 세상이 어지러워지면 물러났다.

포악한 정치를 하는 곳과 포악한 백성들이 모이는 곳에서는 살지 않았다.

도리를 알지 못하는 사람들과 섞이는 것을, 마치 조정에서 예복을 갖추어 입고 진창 속에 앉아 있는 것처럼 생각했다.

폭군 주왕 때는 북쪽 바닷가에 살면서 천하가 바르게 되기를 기다렸다. 그래서 백이의 말을 들은 사람은 아무리 탐욕한 사나이라도 청렴해지고, 나약한 사나이도 지조를 세울 수 있었다.

　은나라의 탕왕을 천하의 왕자(王者)가 되게 도운 이윤은 '누구를 섬긴들 임금이 아니며, 누구를 다스린들 백성이 아니겠는가.' 라며 천하가 잘 다스려질 때도 조정에 나가 벼슬했고, 세상이 어지러워져도 조정에 나가 벼슬하여 정치에 참여했다.
　이윤은 '하늘이 이 백성을 낼 때 먼저 아는 사람으로 아직 알지 못하는 사람을 깨우쳐 주게 하고, 먼저 깨달은 사람으로 아직 깨닫지 못한 사람을 일깨워 주게 했다. 나는 하늘이 낸 백성 중에 먼저 깨달은 사람이다. 나는 인의(仁義)로써 이 백성을 일깨워 주겠다.' 고 말했다.
　이윤은 백성들 가운데 이름 없는 한 지아비와 한 지어미라도 요임금이나 순임금이 베푼 것과 같은 혜택을 입지 못하면, 마치 자기가 그들을 구렁텅이로 밀어 넣은 것처럼 생각했다.
　이윤은 천하를 다스리는 중대한 책임을 스스로 맡고 나섰던 것이다.

　노나라의 어진 사람으로 알려진 유하혜는 섬기는 임금이 보잘 것 없는 인물이라도 부끄러워하지 않았고, 자기에게 낮은 벼슬이 주어져도 사양하지 않았다. 벼슬자리에 나가서는 능력을 모두 쏟아 일했고, 정당하고 공정한 기준으로 일을 처리했다.

공직자론
나아가고 물러날 때를 알라

임금이 바른 정치를 베풀지 않거나 임금에게 버림을 받아도 원망하지 않았다. 어려운 처지에 빠져도 걱정하지 않았고, 거친 사람들과 함께 있어도 너그럽게 대했다.

유하혜는 '너는 너고 나는 나다. 비록 내 곁에서 벌거벗고 있은들 네가 어찌 나를 더럽힐 수 있겠느냐.' 라고 생각했다. 그러므로 유하혜의 혜택을 받은 사람은 아무리 도량이 좁은 사람이라도 너그러워지고, 인색한 사람이라도 후해지게 되었던 것이다.

공자는 제나라를 떠날 때는 미처 밥 지을 틈도 없이 씻은 쌀을 건져 가지고 갈 정도로 급하게 갔고, 그와 달리 노나라를 떠날 때는 '나의 발걸음이 더디기도 하구나.' 라고 말했다. 빨리 떠나야 할 때는 빨리 떠나고, 더디 갈 때는 더디 가며, 머물러 있을 만할 때는 머물러 있으며, 벼슬할 만하면 벼슬을 했다.

백이는 청렴했고, 이윤은 책임감이 있었으며, 유하혜는 융화를 잘했으며, 공자는 상황에 잘 적응하는 장점이 있었다.

공자는 백이와 이윤과 유하혜의 장점을 한 데 모은 사람이었다고 말할 수 있다. '한 데 모은다'는 것은 여러 가지 악기 소리가 모여 조화를 이루는 것과 같다.

음악을 연주할 때 처음에는 쇠북 소리를 내고 끝에는 옥경 소리를 낸다. 쇠북을 울리는 것은 조리 있게 시작하는 것이고, 옥경을 울리는 것은 조리 있게 끝맺는 것이다.
 조리 있는 시작은 '지(智)'가 할 일이요, 조리 있는 끝맺음은 '성(聖)'이 할 일이다. '지'는 마음의 교묘함이며, '성'은 몸 안의 힘과 같은 것이다.
 1백 보 밖에서 활을 쏠 때, 화살이 과녁에까지 도달케 하는 것은 힘이지만, 과녁에 꽂히게 하는 것은 힘이 아니라 마음의 '교(巧)'이다."

☞ 유하혜(柳下惠) : 노나라의 대부. 성은 전(展), 이름은 금(禽), 시호가 혜(惠)인데, 버드나무 밑에서 살았다고 해서, 현자를 높이는 뜻으로 성명대신 부른 것.

공직자론
나아가고 물러날 때를 알라

선을 좋아한 악정자

    노나라에서 악정자가 정사를 맡아 보게 되었다는 소문을 듣고 맹자가 말했다.
  "나는 기뻐서 잠이 오지 않는다."
  이 말을 들은 공손추가 맹자에게 물었다.
  "악정자는 굳건한 사람입니까?"
  "아니다."
  "지모가 있는 사람입니까?"
  "아니다."
  "아는 것이 많은 사람입니까?"
  "아니다."
  "그렇다면 무슨 까닭으로 잠이 오지 않을 만큼 기쁘신 것입니까?"
  "악정자는 선(善)을 좋아하는 사람이다."

맹자는 악정자의 훌륭한 점에 대해 이렇게 설명했다.
"선을 좋아하는 사람이라면 충분히 천하를 다스릴 수 있을 것이다. 하물며 노나라 같은 작은 나라를 다스리는 데에 부족함이 있겠는가.
선을 좋아하는 사람에게는 천하의 사람들이 천리라도 멀다 하지 않고 찾아와 선을 말해 주려 할 것이다. 그러나 선을 좋아하지 않는 사람의 똑똑한 체하는 목소리와 낯빛은 사람들을 천리 밖으로 물러나게 만들 것이다.
선비들이 천리 밖에 머물러 있게 되면, 그 틈에 남을 헐뜯고 아첨이나 하는 사람들이 몰려들 것이다. 남을 헐뜯고 아첨이나 하는 사람들과 함께 있으면서 나라가 다스려지기를 바랄 것인가."

☞악정자(樂正子) : 맹자의 제자. 악정은 성이요, 이름은 극(克).

공직자론
나아가고 물러날 때를 알라

사이비 인간을 조심하라

만장이 맹자에게 물었다.

"공자는 '논어' 양화편에서 '내 집 앞을 지나가면서 내 집에 들르지 않더라도 내가 서운하게 생각하지 않을 사람이 있다. 그는 시골에 살면서 도덕을 갖춘 사람인 것처럼 하고 사는 사람, 곧 향원(鄕原)이다. 왜냐 하면 향원은 덕의 적이기 때문이다.' 라고 했습니다. 왜 향원을 '덕의 적' 으로 보았을까요?"

"향원은 비난하려 해도 이렇다 할 비난거리가 없고, 헐뜯으려 해도 이렇다 할 헐뜯을 거리가 없는 사람들이다. 퇴폐한 세속적 풍속에 동조하며 더러운 세상에 영합하여 처세하면서 충직하고 신의가 있는 듯이 하고, 행동은 청렴하고 결백한 것 같아서 사람들은 그를 좋아한다.

공자께서는 '나는 비슷하면서도 같지 않은 사이비를 미워한다. 내가 가라지를 미워하는 것은 가라지가 곡식의 싹을 어지럽힐까 염려되기 때문이요, 내가 재주와 지혜를 미워하는 것은 그것이 의를 어지럽힐까 염려되기 때문이다. 내가 말솜씨를 미워하는 것은 그 말솜씨가 신실함을 어지럽힐까 염려되기 때문이요, 내가 음란한 유행가를 미워하는 것은 그것이 바른 음악을 어지럽힐까 염려되기 때문이다. 내가 자주색을 미워하는 것은 그것이 붉은색을 어지럽힐까 염려되기 때문이요, 향원을 미워하는 것은 그것이 덕을 어지럽힐까 염려되기 때문이다.' 라고 말하셨다.

군자는 오로지 정도로 걸어갈 뿐이다. 도가 바로잡히면 백성들이 '선'에 감흥되어 일어나고, 백성들이 선에 감흥되어 일어나면, 그 때는 사이비와 같은 사특한 것이 없어질 것이다."

☞ 향원(鄕原) : 향은 향리(鄕里), 원은 원(愿)과 통하는 것으로, 근원지인(謹愿之人)이라는 뜻. 곧 향리에서 근신하고 도덕적이라는 말을 듣고, 또 그런 말을 들으려고 노력하는 사람으로 실질적으로 도를 행하고 덕을 갖추지는 못한 인물.

6

인성론
사람의 바탕은 선한 것

인의예지는 어디서 오는가 / 도는 오직 하나뿐이다 / 버드나무와 버들고리 / 물에는 위아래의 분별이 있다 / 흰 깃털의 흰색과 흰 눈의 흰색 / 마음 안에 있는 것과 마음 밖에 있는 것 / 의는 마음의 어디서 오는가 / 백성들은 아름다운 덕을 좋아한다 / 사람이 공통적으로 좋아하는 것 / 기르면 자라지 않는 것이 없다 / 하루만 햇볕 쬐고 열흘 동안 차게 하면 / 목숨보다 더 귀중한 것도 있다 / 개를 잃으면 찾으면서 마음을 잃고는 찾을 줄 모른다 / 마음이 남과 같지 않아도 싫어할 줄 모르니 / 마음을 다해 자기 몸을 길러라 / 손가락의 통증은 고치면서 중병은 내버려 두다니 / 대인과 소인 / 하늘의 작위와 사람의 작위 / 술에 취하고 덕에 배불렀네 / 어진 것은 어질지 못한 것을 이긴다 / 무엇이 더 중요한가 / 하려고 하지 않으면 되지 않고 / 사람이 사람 되는 이치 / 착함의 여섯 단계

인성론
맹자로 한국 살리기

인의예지는 어디서 오는가

맹자가 말했다.

"사람에게는 '차마 잔악하게 못 하는' 마음이 있다. 옛날의 어진 임금들은 사람이 가지고 있는 '차마 잔악하게 못 하는' 마음을 넓혀서 어진 정치를 베풀었다. 차마 잔악하게 못 하는 마음으로써 차마 잔악하게 못 하는 정치를 베푼다면, 천하를 다스리는 일은 손바닥 위에서 물건을 놀리듯 쉽게 할 수 있다.

사람에게 '차마 잔악하게 못 하는' 마음이 있는 것은, 우물 속으로 빠지려는 어린아이를 발견한 사람에게서 찾아볼 수 있다. 이때 사람이면 누구나 다 가슴이 덜컥 내려앉으며 놀라고 측은한 마음이 든다. 그래서 앞뒤 돌아볼 겨를도 없이 달려가 우물에 빠지려는 어린이를 붙들어 올리게 마련이다.

어린이의 부모와 친하게 지내기 위해 그렇게 한 것도 아니고, 마을 사람들이나 친구들에게 칭찬을 받기 위해 그렇게 한 것도 아니

인성론
사람의 바탕은 선한 것

며, 위험에 빠진 것을 보고도 구해 주지 않았다는 원망을 듣지 않으려고 그런 것도 아니다.

남을 불쌍히 여기는 측은한 마음, 곧 '잔악하지 못한 마음'이 없으면 사람이라 할 수 없고, 자기의 잘못을 부끄럽게 여기고 남의 옳지 않은 처사를 미워하는 마음이 없으면 사람이라 할 수 없다. 남에게 사양하고 양보하는 마음이 없으면 사람이라 할 수 없으며, 옳고 그른 것을 가려내는 마음이 없으면 사람이라 할 수 없다.

측은하게 여기는 마음은 인(仁)의 실마리이며, 옳지 않은 것을 미워하는 마음은 의(義)의 실마리이며, 사양하는 마음은 예(禮)의 실마리이며, 옳고 그름을 따지는 마음은 지(智)의 실마리이다. 이 네 가지 마음을 '4단(四端)'이라고 한다.

사람이 이 '4단'을 가지고 있는 것은 마치 사람의 몸에 네 개의 팔다리가 있는 것과 같다. 이 '4단'을 가지고 있으면서도 선한 일을 할 수 없다고 하는 이는 자기 자신을 해치는 사람이며, 자기 임금은 선한 정치를 베풀 능력이 없다고 깎아내리는 이는 임금을 해치는 자이다. 사람이 자기에게 있는 '4단'을 더욱 넓힐 줄 알면 이것은 마치 불꽃이 번져 나가는 것과 같으며, 샘이 솟아 흘러가는 것과 같은 것이다.

'4단'을 잘 넓혀 나갈 수 있다면 천하를 지켜 갈 수 있지만, '4단'을 넓혀 가지 못한다면 부모를 섬기고 가족을 거느리는 일도 해내지 못할 것이다.

도는 오직 하나뿐이다

등나라 문공이 세자 시절, 초나라를 찾아가는 길에, 맹자를 만나기 위해 송나라에 들렀다.

이 때 맹자는 세자에게 인간의 본성은 선하다는 '성선설(性善說)'을 말하면서, 옛 성군인 요임금과 순임금을 예로 들었다.

세자는 사람의 본성이 본래 선한 것임을 알지 못하고, 평범한 인간으로서는 성현(聖賢)에 미칠 수 없는 것이라고 생각했다. 그래서 세자는 초나라에 갔다 돌아오는 길에 다시 송나라에 들러 맹자를 만났다.

맹자가 세자에게 말했다.

"세자께서는 내가 한 말을 수긍하지 못하는 것 같습니다. 도는 오직 하나뿐입니다.

제나라 경공의 신하로서 용맹스럽다고 알려진 성간은 경공에게 '그도 사내이고 나도 사내인데 내가 어찌 그를 두려워하겠습니까.'

인성론
사람의 바탕은 선한 것

하고 말했습니다.

　공자의 수제자로서 학식과 덕망이 높다고 알려진 안연은 '순임금은 어떤 사람이며 나는 어떤 사람인가. 뜻을 가지고 일을 하면 역시 마찬가지이다.'라고 말했습니다.

　증자의 제자로 노나라의 어진 신하라고 알려진 공명의는 '문왕이 나의 스승이다. 주공이 나를 속이겠는가.'라고 말했습니다.

　'서경'의 상서 열명편에 보면 '병을 낫게 하려고 먹은 약이 눈을 캄캄하게 하고 현기증을 일으키지 않는다면 그 병은 낫지 않는다.'고 씌어 있습니다.

　이제 등나라는 영토가 사방 50리는 되므로 그런대로 좋은 나라를 만들 수 있을 것입니다."

☞공명의(公明儀) : 공명은 성이요, 의는 이름. 노나라의 어진 신하로 공자의 제자인 증자(曾子)의 제자라고 한다.

버드나무와 버들고리

고자가 사람의 타고난 바탕에 대해 말했다.

"사람의 타고난 바탕은 '선'도 아니고 '악'도 아닌 자연적인 것이다.

그러므로 사람의 타고난 바탕은 마음대로 구부리고 펼 수 있는 버드나무와 같은 것이고, '인의(仁義)'는 버들고리와 같은 것이다.

사람의 타고난 바탕으로 인의를 만드는 것은 버드나무를 가지고 버들고리를 만드는 것과 같다."

고자의 이 말에 대해, 사람의 타고난 바탕을 도덕적 본체로 보는 맹자는 이렇게 논박했다.

"고자의 말은 버드나무의 휘어지는 성질을 그대로 사용하여 버들고리를 만드는 것이 아니고, 버들고리를 만들겠다는 생각으로 버드나무를 꺾어다 그릇을 만드는 것이다.

인성론
사람의 바탕은 선한 것

　이렇게 버드나무의 타고난 바탕을 해쳐 버들고리를 만들려고 하는 것이라면, 사람의 타고난 바탕을 해쳐가며 후천적인 의도에 따라 인의로 바꿔지는 것인데, 이런 논법은 세상 사람들을 선동하여 인의를 해치는 말이다."

인성론
맹자로 한국 살리기

물에는 위아래의 분별이 있다

고자가 말했다.

"사람의 타고난 바탕은 방향을 정하지 못하고 한군데서 빙글빙글 돌고 있는 물과 같은 것이다. 동쪽으로 터 놓으면 동쪽으로 흐르고, 서쪽으로 터 놓으면 서쪽으로 흐른다. 사람의 타고난 바탕에 '선'과 '악'의 분별이 없는 것은 마치 물에 동과 서의 분별이 없는 것과 같다."

고자의 이 말에 대해 맹자가 반박했다.

"물이 동서의 분별은 없지만 위아래의 분별조차 없겠는가. 위에서 아래로 흐르지 않는 물이 없듯이, 본바탕이 '선'하지 않은 사람은 없다. 물을 치면 물이 튀어 이마를 적실 수도 있고, 아래를 막아 역류시키면 산에도 오르게 할 수 있으나, 이것은 외부의 힘으로써 그렇게 되는 것일 뿐 타고난 바탕은 아니다. 사람을 악하게 만드는 것은 이처럼 외적 영향에 의한 것이다."

인성론
사람의 바탕은 선한 것

흰 깃털의 흰색과 흰 눈의 흰색

고자가 사람의 타고난 바탕을 정의해서 말했다.
"지각 운동을 가지고 태어난 것을 '바탕(性)'이라고 한다."
이 말에 대해 맹자가 물었다.
"지각 운동을 가지고 태어난 것을 바탕(性)이라고 하는 것은, 흰 것은 모두 일률적으로 희다고 하는 것과 같은 말인가?"
"그렇다."
"그렇다면 흰 깃털의 흰색이 흰 눈의 흰색과 같으며, 흰 눈의 흰색이 흰 옥의 흰색과 같은가?"
"그렇다."
"그렇다면 개의 바탕이 소의 바탕과 같으며, 소의 바탕이 사람의 바탕과 같은가?"
맹자의 이 물음에 고자는 대답하지 못했다.

마음 안에 있는 것과 마음 밖에 있는 것

고자가 '인'과 '의'에 대해 말했다.

"식욕과 색욕은 타고난 바탕이다. 인은 마음 안에 있는 것이지 외부에 있는 것이 아니다. 의는 외부에 있는 것이지 마음 안에 있는 것이 아니다."

고자의 이 말에 맹자가 물었다.

"어째서 인은 마음 안에 있고, 의는 외부에 있다고 말하는가?"

"저 사람이 어른이면 나는 그를 어른으로 대접한다. 어른이 나한테 있는 것이 아니라 그가 어른이기 때문이다. 마치 흰색을 보고 내가 희다고 생각하는 것과 같다. 흰색이라는 인식이 외부에서 들어오므로 외부에 있다고 말한다."

고자가 이렇게 대답하자 맹자가 반박했다.

"그것과는 경우가 다르다. 하얀 말을 희다고 여기는 것과 하얀 사람을 희다고 여기는 것은 다르지 않다고 하더라도, 나이 많은 말

인성론
사람의 바탕은 선한 것

을 어른으로 여기는 것과 나이 많은 사람을 어른으로 여기는 것은 다르지 않겠는가. 어른이 곧 의인 것이 아니라, 어른으로 받들어 공경하는 마음을 의라고 하지 않겠는가?"

"내 동생이면 사랑하고 다른 나라 사람의 동생이면 사랑하지 않는다. 이것은 사랑의 정이 내 마음에서 나왔기 때문이다. 그러므로 인은 마음 안에 있다고 할 수 있다. 그러나 초나라의 어른도 어른으로 받들고 우리 나라의 어른도 어른으로 받드는데, 이것은 받든다는 행위가 어른에서부터 나왔기 때문이다. 그러므로 의는 외부에 있다고 말하는 것이다."

고자가 이렇게 논리를 펴자, 맹자가 다시 물었다.

"진나라 사람이 구운 고기를 즐기는 것이나 내가 구운 고기를 즐기는 것이나 즐김에는 다름이 없다. 그렇다면 구운 고기를 즐긴다는 마음도 역시 외부에 있는가?"

이 물음에 고자는 대답하지 못했다.

☞ 고자(告子) : 이름은 불해(不害). 맹자와 인성(人性) 문제에 대해 논란을 벌였다. '맹자' 고자편(告子篇).

의는 마음의 어디서 오는가

고자의 제자가 맹자의 제자에게 물었다.
"무엇 때문에 '의'는 마음에 있다고 합니까?"
"공경하는 마음을 실천하는 것이므로 마음에 있다고 합니다."
맹자의 제자가 이렇게 대답하자 고자의 제자가 다시 물었다.
"마을 사람이 내 형보다 한 살 많다면, 마을 사람과 내 형 가운데 누구를 공경해야 할까요?"
"형을 공경해야지요."
고자의 제자가 다시 물었다.
"그 두 사람에게 술을 따른다면 누구에게 먼저 따라야 할까요?"
"마을 사람에게 먼저 따라야지요."
고자의 제자는 다시 공격적인 질문을 했다.
"그대는 공경하는 마음은 형에게 있고, 연장자를 받드는 행위는 마을 사람에게 있다고 했습니다. 그렇다면 의는 외부에 있는 것이지 마음에서 나오는 것이 아니란 말인가요?"

맹자의 제자는 대답을 하지 못하고, 스승인 맹자에게 가서 고자의 제자와 주고받았던 논쟁에 대해 말하니 맹자가 이렇게 가르쳐 주었다.

"네가 고자의 제자에게 '숙부를 공경할 것인가 아우를 공경할 것인가?' 하고 물으면 그는 '숙부를 공경한다.' 고 대답할 것이다.

네가 '제사를 지낼 때 아우가 조상의 신위를 모시고 있다면, 숙부를 공경할 것인가 아우를 공경할 것인가?' 하고 물으면, 그는 '조상의 신위를 모시고 있으므로 아우를 공경한다.' 고 대답할 것이다.

그러므로 너도 고자의 제자에게 '마을 사람은 손님이기 때문에 마을 사람에게 먼저 술을 따른다.' 고 대답하라.

형은 늘 공경해야 하는 사람이고, 마을 사람은 임시로 공경해야 하는 사람이기 때문이다."

맹자의 제자가 고자의 제자에게 가서 맹자의 말을 들려 주었다. 이에 고자의 제자는

"숙부를 공경할 경우라면 숙부를 공경하고, 아우를 공경할 경우라면 아우를 공경하는 것이다. 그러므로 의는 외부에 있는 것이지 마음에 있는 것이 아니다."

하고 자기 주장을 굽히지 않았다.

이에 대해 맹자의 제자가
"겨울에는 더운 물을 마시고 여름에는 냉수를 마시는데, 그렇다면 먹고 마시는 일도 외부에 있다고 말하겠는가."
하고 반박했다.

> 인성론
> 사람의 바탕은 선한 것

백성들은 아름다운 덕을 좋아한다

공도자가 맹자에게 물었다.
"고자는 '사람이 타고난 바탕(性)'은 선한 것도 없고 선하지 않은 것도 없다고 말했습니다. 어떤 사람은 바탕은 선하게 될 수도 있고 선하지 않게 될 수도 있으므로, 은나라 폭군 주왕 때 문왕과 무왕이 일어나자 백성들이 선을 좋아했다고 말합니다. 또 어떤 이는 '바탕'이 선한 이도 있고 선하지 않은 이도 있으므로, 어진 요임금 밑에서도 형을 죽이려 한 상이 있었고, 성질 고약한 고수는 어진 아들 순을 두었다고 말합니다. 선생님은 사람의 타고난 바탕은 선한 것이라고 말하십니다. 그렇다면 그들이 하는 말은 다 틀렸다는 것입니까?"
"타고난 바탕을 따라 움직이는 '정(情)'은 '선' 할 수 있다. 이것이 이른바 '성선(性善)'이다.
선하지 않다고 해서 바탕이 나쁜 것이 아니다. 가엾게 여기는 마음이나, 나쁜 것을 미워하는 마음이나, 공경하는 마음이나, 옳고 그름을 가리는 마음은 사람이면 누구나 다 가지고 있다.

가엾게 여기는 마음은 '인(仁)'이요, 나쁜 것을 미워하는 마음은 '의(義)'요, 공경하는 마음은 '예(禮)'요, 옳고 그름을 가리는 마음은 '지(智)'이다.

인의예지는 밖에서 들어오는 것이 아니라 내가 본래부터 지니고 있는 바탕이다.

구하면 얻고 놓으면 잃어버린다는 말이 있으니, 악한 짓을 해서 선과 차이가 심한 사람은 타고난 바탕을 잘 살리지 못했기 때문이다.

공자께서도 '사물이 있으면 반드시 법칙이 있으니, 백성들은 본성을 지녔으므로 아름다운 덕을 좋아한다.'고 하셨다."

사람이 공통적으로 좋아하는 것

맹자가 말했다.

"풍년이 들면 대개 사람들이 선량해지고, 흉년이 들면 사람들이 난폭해진다. 이것은 하늘이 각각 다른 바탕을 낸 것이 아니라 마음을 이끄는 외부의 환경이 그렇게 만들기 때문이다.

같은 땅에 같은 시기에 보리씨를 뿌려 두면 싹이 트고 자라서 때가 되면 낟알이 여문다. 그러나 수확에는 많고 적음이 생긴다. 땅이 기름지고 메마름의 차이와, 비가 많이 내리고 적게 내리는 차이와, 사람의 손길이 많이 가고 적게 가는 차이 때문에 수확에 차이가 나는 것이다.

이렇게 같은 종류는 다 서로 비슷한데, 어찌 사람만 다를 리가 있겠는가. 성인도 사람이요 나도 사람이다.

옛날에 용자는 '발 크기를 모르고 신을 삼아도 나는 삼태기처럼 크게는 삼지 않는다.' 고 말했다. 신이 서로 비슷한 것은 세상 사람들의 발이 크기도 모양도 비슷하기 때문이다.
 사람이 음식의 맛을 즐기는 데도 다같이 즐기는 공통된 맛이 있다. 제나라 때의 유명한 요리사인 역아는 우리들 입이 좋아하는 맛을 알아 낸 사람이다. 만약 미각이 사람마다 달라, 개나 말이 우리와 동류가 아닌 것과 같다면, 세상 사람들이 모두 역아의 맛을 따를 수 있겠는가. 세상 사람들이 역아의 맛을 따르는 것은 사람들의 입맛이 서로 비슷하기 때문이다.
 사광은 진(晋)나라의 악사로 그가 연주하는 음악을 사람들은 모두 듣고 싶어했다. 이것은 사람들의 귀의 감각이 서로 비슷하기 때문이다.
 옛날에 자도는 미인으로 소문이 났었다. 사람들은 모두 자도의 아름다운 얼굴을 보고 감탄했다. 이것은 아름다움을 보는 사람의 눈이 서로 비슷하기 때문이다.
 입이 공통적으로 좋아하는 맛이 있으며, 귀가 공통적으로 좋아하는 소리가 있으며, 눈이 공통적으로 좋아하는 아름다움이 있는데, 하필이면 사람의 마음만 공통적인 것이 없겠는가.
 마음이 공통적인 것은 무엇일까. 그것은 '이(理)'와 '의(義)'이다. 성인은 사람의 마음이 공통적인 것을 먼저 알았을 뿐이다. 그러므로 '이'와 '의'가 우리의 마음을 기쁘게 해 주는 것은 마치 고기가 우리의 입을 즐겁게 해 주는 것과 같다고 하겠다."

인성론
사람의 바탕은 선한 것

기르면 자라지 않는 것이 없다

맹자가 말했다.

"제나라 도성의 교외에 있는 우산은 옛날에는 좋은 나무들이 빽빽하게 들어차서 아름다웠다고 한다.

사람들이 그 좋은 나무들을 도끼로 찍어 내 남벌하니, 오늘날 우산은 벌거숭이가 되고 말았다.

사람들은 벌거숭이 우산을 보고 본래부터 나무가 없는 산이라고 말하지만, 그것이 산의 '바탕'은 아닐 것이다.

우산과 마찬가지로 사람에게는 원래 타고난 바탕인 '인의'의 마음이 있지만, 도끼로 나무를 날마다 찍어 내는 것처럼 인의를 잃어 간다면, 그 사람을 가리켜 선하다고 하지 않을 것이다.

밤낮없이 양심이 자라나고 맑은 기운이 감돌아, 좋아하고 싫어하는 것이 남과 크게 다르지 않다.

그러나 외부의 물욕에 영향을 많이 받는 낮에는 선을 베어 내고,

외부의 영향을 적게 받는 밤이면 선이 되살아나지만, 다시 낮이 되면 외부의 영향을 받아 선을 베어 버린다. 이렇게 반복해서 선을 베어 없애버리면 끝내는 짐승과 다를 것이 없게 된다.

짐승과 같은 사람을 보고 '저 사람은 본래부터 악한 사람'이라고 말하지만, 이것이 사람의 타고난 '바탕'은 아닐 것이다.

기르면 자라지 않는 '물(物)'이 없고, 기르지 않으면 소멸되지 않는 '물(物)'이 없다. 그래서 공자께서도 '잡으면 남아 있고, 놓으면 없어진다. 드나드는 것이 때가 없어 제 고향을 알지 못한다고 하는 것은 오직 사람의 마음을 두고 한 말이구나.' 하셨다."

인성론
사람의 바탕은 선한 것

하루만 햇볕 쬐고 열흘 동안 차게 하면

맹자가 말했다.

"내가 제나라의 선왕에게 '인의'의 도리를 말했건만, 그가 지혜로워지지 않았다고 해서 이상하게 여길 것 없다. 천하에서 가장 쉽게 자라나는 생물이 있다 하더라도, 하룻동안 햇볕을 쬐고 열흘 동안 차게 하면 잘 자라날 생물이 없다.

내가 선왕을 만나 볼 기회가 하루라면, 내가 물러나온 뒤에는 '차게 하는 자'들이 열흘 동안 모여 든다. 내가 그에게 올바른 지혜를 싹트게 해 준들 무슨 소용이 있겠는가.

나라 안에서 바둑을 제일 잘 둔다고 소문난 혁추에게 바둑을 배우는 사람들이 있다고 하자. 그중 한 사람은 바둑을 배우면서 마음 한 구석에서는 기러기나 따오기 따위가 날아오면 활을 쏘아 떨어뜨릴 궁리나 한다면, 정성껏 듣고 배우는 사람을 따라가지 못할 것이다. 그의 지혜가 다른 사람만 못해서일까? 그렇지 않을 것이다."

목숨보다 더 귀중한 것도 있다

맹자가 말했다.

"나는 물고기 요리도 먹고 싶고, 곰 발바닥 요리도 먹고 싶다. 만약 둘 중에 한 가지만 골라 먹어야 한다면 나는 물고기 요리를 버리고 곰 발바닥 요리를 택할 것이다.

나는 '목숨'도 갖고 싶고 '의'도 갖고 싶다. 만약 둘 중에 한 가지만 골라 가져야 한다면, 나는 '목숨'을 버리고 '의'를 택할 것이다.

목숨을 나는 놓치고 싶지 않지만, 그보다 더 놓치고 싶지 않은 것이 있으므로, 구차하게 목숨을 지키려 애쓰지 않을 것이다.

나는 죽음을 싫어하지만 더 싫어하는 것이 있으므로, 환난을 당해도 죽음을 피하려 하지 않을 것이다.

사람에게 목숨보다 더 고귀한 가치가 없다면, 목숨을 지키기 위해 수단과 방법을 가리지 않을 것이다. 그리고 사람에게 죽음보다 더 싫어하는 것이 없다면, 환난을 피할 수 있는 일이라면 수단과 방법을 가리지 않을 것이다.
 사람에게는 도의의 마음이 있기 때문에, 목숨을 지킬 수 있는 방법이 있다 해도 그 방법을 포기하고, 환난을 피할 수 있는 방법이 있다 해도 그 방법을 포기한다. 사람이면 누구나 다 이런 마음을 가지고 있지만, 보통 사람은 이런 마음을 잃기 쉽고, 어진 사람은 이런 마음을 잃지 않는다.
 사람이 한 그릇의 밥과 한 그릇의 국을 얻으면 살고 얻지 못하면 죽을 경우에 처하더라도, 듣기 싫은 소리를 하면서 준다면 길거리의 사람도 받지 않을 것이고, 발로 차서 준다면 거지라도 더럽게 여겨 받지 않을 것이다.
 오늘날의 사람들은 만 섬의 녹봉이라면 예의를 가리지 않고 받으니, 그 만 섬이 나에게 무슨 보탬이 될 것인가.
 만 섬의 녹봉을 받아 집을 아름답게 꾸미고, 처첩을 얻어 나를 받들어 모시게 하고, 가난한 사람들이 재물을 얻어 가며 은혜에 감사한다는 말을 하도록 하기 위해서인가.
 처음에는 받지 않다가 나중에는 집을 아름답게 꾸미기 위해 그것을 받고, 처음에는 받지 않다가 나중에는 처첩이 나를 받들어 모시도록 하기 위해 그것을 받으며, 처음에는 받지 않다가 나중에는 가난한 사람들이 재물을 얻어 가며 은혜에 감격하도록 하기 위해 받으니, 이런 짓을 그만둘 수는 없겠는가.
 이렇게 하는 짓을 가리켜 본심을 잃었다고 말하는 것이다."

개를 잃으면 찾으면서 마음을 잃고는 찾을 줄 모른다

맹자가 말했다.
"인(仁)은 사람의 마음이요, 의(義)는 사람의 길이다.
 그 길을 버리고 가지 않으며, 그 마음을 잃어버리고도 구할 줄 모르니 슬프구나. 사람이 닭이나 개를 잃으면 찾을 줄 알면서도 마음을 잃고는 찾을 줄 모른다.
 학문하는 길은 다른 것이 없다. 각자 자신의 잃어버린 마음을 찾는 것일 뿐이다."

인성론
사람의 바탕은 선한 것

마음이 남과 같지 않아도 싫어할 줄 모르니

맹자가 말했다.

"무명지가 구부러져 펴지지 않는 사람이 있다고 하자. 일을 하는 데 지장을 줄 만큼 아픈 것은 아니다. 그러나 그 손가락을 펴게 할 수 있는 사람이 있다면, 진나라나 초나라라도 멀다 하지 않고 찾아갈 것이다. 왜냐 하면 내 손가락이 남과 같지 않기 때문이다. 사람들은 손가락이 남과 같지 않은 것을 싫어하면서도, 마음이 남과 같지 않은 것은 싫어할 줄 모른다. 이런 것을 가리켜 중요한 것과 중요하지 않은 것을 알지 못한다고 말한다."

인성론
맹자로 한국 살리기

마음을 다해 자기 몸을 길러라

맹자가 말했다.

"오동나무나 가래나무라도 사람이 마음을 다해 한 아름이 되게 기르려고 한다면 누구나 기르는 방법을 알게 된다.

그러나 자기 몸을 기르는 방법은 알지 못한다.

사람이 자기 몸을 사랑하는 마음이 오동나무나 가래나무만도 못하겠는가. 다만 기르는 방법을 마음을 다해 생각하지 않기 때문이다."

인성론
사람의 바탕은 선한 것

손가락의 통증은 고치면서 중병은 내버려 두다니

맹자가 말했다.

"사람은 누구나 자기 몸을 아낀다. 자기 몸 한 부분의 살이라도 아끼면, 작은 한 부분의 살도 잘 가꿔지지 않는 데가 없을 것이다. 잘 가꾸느냐 잘못 가꾸느냐를 살피는 데에 어찌 차별이 있겠는가.

몸에는 귀한 부분도 있고 천한 부분도 있으며, 작은 부분도 있고 큰 부분도 있다.

작은 부분 때문에 큰 부분을 해치지 말아야 하며, 천한 부분 때문에 귀한 부분을 해치지 말아야 한다.

작은 것을 가꾸는 자는 소인이 되고, 큰 것을 가꾸는 자는 대인이 된다.

여기 한 원예사가 있다고 하자. 그가 오동나무나 가래나무 같은 좋은 나무를 버리고, 가시나무 같은 거친 나무를 기른다면, 그 원예사를 따르지 않을 것이다.

어떤 사람이 손가락의 통증을 고치면서 어깨와 등의 중병을 내버려 둔다면, 그는 병든 이리 같은 사람이 되고 말 것이다.

먹는 것에 집착하는 사람은 남들이 천하게 여긴다. 왜냐 하면 먹는 것에 집착하는 사람은 작은 것을 탐하면서 큰 것을 잃기 때문이다.

먹는 것에 집착하는 사람이 잃는 것이 없다면, 배를 채우는 일이 어찌 한 부분의 살만을 위해서겠는가."

대인과 소인

공도자가 맹자에게 물었다.
"다 같은 사람인데, 어떤 사람은 대인이 되고 어떤 사람은 소인이 되는 것은 왜 그렇습니까?"
"'큰 것(도덕심)'을 따르면 대인이 되고 '작은 것(감각적 유혹)'을 따르면 소인이 된다."
"다 같은 사람인데, 왜 어떤 사람은 큰 것을 따르고, 어떤 사람은 작은 것을 따르는 것입니까?"
"눈과 귀 같은 감각 기관은 생각할 줄 모르므로 외물(外物)에 유혹당하기 쉽다. 그러나 마음은 생각하는 능력이 있으므로, 생각을 하면 본심을 얻고 생각하지 않으면 본심을 잃게 된다. 이 두 기관은 하늘이 나에게 준 것이다.
먼저 '큰 것(도덕심)'을 세워 놓는다면 '작은 것(감각적 유혹)'에 빠지지 않을 것이다. 이것이 대인이 되는 길이다."

하늘의 작위와 사람의 작위

맹자가 말했다.

"사람에게는 하늘의 작위(인의예지 같은 덕목)가 있고, 사람의 작위(공경 대부 같은 세속적 벼슬)가 있다.

옛날에는 사람들이 하늘의 작위를 잘 가꾸면 사람의 작위는 저절로 따라왔다.

요즘 사람들은 하늘의 작위를 닦아 사람의 작위를 구하고, 사람의 작위를 얻으면 하늘의 작위를 버린다. 그러다가 마침내 사람의 작위까지 잃고 만다."

☞ 조맹(趙孟) : 춘추 시대 중기로부터 말기에 이르기까지 진(晉)나라에서 권세를 전횡하던 조씨(趙氏)들을 말한다. '맹(孟)'은 '장(長)'의 뜻으로, 당시 진나라의 여러 권신(權臣)들 중에서 조씨의 세력이 가장 으뜸이었으므로 그렇게 부른 것이다.

술에 취하고 덕에 배불렀네

맹자가 말했다.

"사람은 누구나 귀한 것을 바란다. 사람은 누구나 다 자기 몸에 귀한 것을 지니고 있다. 다만 자기 몸이 지니고 있는 귀한 것을 모르고 있을 뿐이다.

남이 나를 귀하게 만드는 것은 참된 귀함이 아니다. 진(晉)나라의 권신 조맹이 귀하게 만든 것은 조맹이 또한 천하게 만들 수도 있다.

'시경' 대아 기취편에 '술에 취하고 덕에 배불렀네.'라는 글이 있다. 이 글의 뜻은 이미 인의와 도덕에 배불렀으므로 남의 고량진미를 부러워하지 않으며, 좋은 소문과 널리 퍼진 칭찬이 몸에 베풀어져 있으므로 남의 비단옷을 부러워하지 않는다는 뜻이다."

어진 것은 어질지 못한 것을 이긴다

맹자가 말했다.

"어진 것은 어질지 못한 것을 이기는데, 마치 물이 불을 이기는 것과 같다.

그러나 오늘날 어진 사람은 한 잔의 물로 한 수레의 장작에 붙은 불을 끄는 것과 같은데도, 사람들은 '불이 꺼지지 않았으니 물이 불을 이기지 못한다.'고 말한다.

이런 말은 어질지 못한 것을 돕는 꼴이 되어 끝내는 어진 것까지도 잃어버리게 하고 만다."

인성론
사람의 바탕은 선한 것

무엇이 더 중요한가

예(禮)는 인간의 본능을 구속하고 행동을 자유롭지 못하게 하는 것이라고 생각하는 임나라 사람이 맹자의 제자 옥려자에게 물었다.

"예의와 식욕 둘 중에 어느 것이 더 소중합니까?"

"예의가 더 소중합니다."

"예의와 성욕 둘 중에는 어느 것이 더 소중합니까?"

"예의가 더 소중합니다."

"예의를 지키며 먹다가는 굶주려 죽고, 예의를 지키지 않으면 배불리 먹을 수 있다고 할 때에도 반드시 예의를 지켜야 합니까? 그리고 아내를 맞을 때 친영의 예를 갖추자면 아내를 맞을 수 없고, 친영의 예를 갖추지 않으면 아내를 맞을 수 있을 때에도 반드시 친영의 예를 갖추어야 합니까?"

옥려자가 대답하지 못하고, 이튿날 추나라에 머무르고 있는 맹자를 찾아가, 임나라 사람과 주고받았던 말을 전했다.

옥려자의 말을 들은 맹자가 이렇게 말했다.

"근본을 생각하지 않고 말단만 견주어 본다면, 한 치 크기의 나무로도 언덕보다 높게 할 수 있다. 왜냐 하면 한 치 크기의 나무를 언덕 위에 심으면 되니까. 쇠가 새털보다 무겁다는 말이 혁대의 고리쇠 한 개와 수레에 가득 실은 새털을 견주어 하는 말이겠는가.

음식에 관한 중대한 문제와 예의에 관한 사소한 문제를 가지고 비교한다면, 성에 관한 중대한 문제와 예의에 관한 사소한 문제를 가지고 비교한다면 그것은 논점을 벗어난 말장난일 뿐이다.

가서 이렇게 말해라. '형의 팔을 비틀어 빼앗으면 먹을 것을 얻게 되고, 비틀어 빼앗지 않으면 먹을 것을 얻지 못한다고 할 때, 형의 팔을 비틀겠는가? 이웃집 담을 넘어가 그 집 처녀를 끌어안으면 아내를 얻을 수 있고, 끌어안지 않으면 아내를 얻을 수 없다고 할 때, 그 집 처녀를 끌어안겠는가?' 라고."

인성론
사람의 바탕은 선한 것

하려고 하지 않으면 되지 않고

조나라 임금의 동생인 조교가 맹자에게 물었다.
"사람이면 누구나 다 요임금 순임금처럼 될 수 있다는데 정말 그렇습니까?"
"그렇습니다."
"문왕은 키가 열 자였고 탕왕은 아홉 자였다고 합니다. 저의 키는 아홉 자 네 치가 되는데도 곡식만 축내고 있으니 어떻게 하면 좋겠습니까?"
"여기 어떤 사람이 있다고 합시다. 그의 힘이 오리새끼 한 마리도 이길 수 없다면 힘이 없는 사람이 되겠지만, 그가 3천 근을 든다면 힘있는 사람이 되는 것이지요.
진(秦)나라 무왕 때 장사로 소문난 오획이 들 수 있는 물건을 그 사람이 든다면 그는 오획이 되는 것입니다.
사람이 일을 두고 해 보지도 않고 감당하지 못하겠다고 걱정만

하고 있어서는 안 됩니다.

천천히 걸어 어른보다 뒤에 가는 것을 '제(悌)'라 하고, 빠르게 걸어 어른보다 앞에 가는 것을 '부제(不悌)'라 하는데, 천천히 가지 못해서 부제를 저지르는 것은 아닙니다. 다만 그렇게 하지 않았을 뿐이지요.

요순의 도는 '효제(孝悌)'입니다. 요의 옷을 입고 요의 말을 외우며 요가 하던 행동을 하면 요가 되는 것이며, 걸의 옷을 입고 걸의 말을 외며 걸이 하던 행동을 하면 걸이 되는 것이지요."

"제가 추나라 임금을 만나 부탁하면 머무를 곳을 구할 수 있을 것입니다. 거기에 머무르며 선생님의 문하에서 배우고 싶습니다."

"도(道)는 큰 길과 같지요. 알기 어려운 것이 아닙니다. 그대가 돌아가 도를 구하면 많은 스승이 있을 것입니다."

인성론
사람의 바탕은 선한 것

사람이 사람 되는 이치

맹자가 말했다.
"인(仁)은 사람이 사람 되는 이치이다. 이것을 합쳐 도(道)라고 한다."

착함의 여섯 단계

호생불해가 맹자에게 물었다.

"어떤 것을 착하다 하고, 어떤 것을 신실하다 합니까?"

"첫째가 선(善)이요, 둘째는 신(信)이요, 셋째는 미(美)요, 넷째는 대(大)요, 다섯째는 성(聖)이요, 여섯째는 신(神)이다.

타고난 바탕이 바라는 대로 하는 것을 착하다 하고(善), 모든 착한 것을 몸에 지닌 상태를 신실하다 하고(信), 착한 것을 실천하기에 힘써 마음 속에 가득한 상태를 아름답다 하고(美), 착한 것이 마음 속에 가득해서 그 빛이 밖으로 드러나는 상태를 위대하다 하고(大), 위대하여 남을 감화시키는 경지를 성스럽다 하고(聖), 참으로 성스러워 남이 헤아릴 수 없는 경지를 신령스럽다 한다(神)."

☞ 호생불해(浩生不害) : 제나라 사람으로 성은 호생, 이름은 불해이다. 일설에는 맹자의 제자라고도 한다.

7

수신론
어린아이 마음을 잃지 마라

큰 용맹과 작은 용맹 / 진정한 용기란 어떤 것인가 / 흔들리지 않는 마음이란 / 무엇을 호연지기라 하는가 / 그 사람의 말을 들으면 마음을 알 수 있다 / 왜 직업을 가려서 가져야 하는가 / 나를 구부려 남을 바로잡을 수 없다 / 진정한 대장부란 어떤 사람인가 / 모든 원인은 나에게 있다 / 자신이 만든 재앙은 피할 수 없다 / 스스로 자기를 깎아내리는 사람 / 성실함에 감동받지 않은 사람은 없다 / 아버지는 아들을 가르치지 못한다 / 어른 먼저 찾아뵈어라 / 지나친 칭송은 부끄럽게 여긴다 / 제자를 가르치는 스승의 자세 / 군자는 어떤 사람인가 / 아내가 보기에 부끄러운 남편 / 벗을 사귀는 방법 / 제후들이 보낸 예물을 받아야 하는가 / 하늘의 뜻에 따라 살아라 / 교육에 관하여 / 바다를 본 사람은 다른 물이 물 같지 않고 / 하나를 고집하면 아흔아홉 가지가 막힌다 / 청렴을 손상시키는 일 / 맹자가 남긴 명언들 / 사람의 세 가지 즐거움

큰 용맹과 작은 용맹

제나라 선왕이 맹자에게 물었다.
"나에게는 결점이 있습니다. 그 결점은 내가 용맹한 것을 좋아한다는 점입니다. 나의 이 기질이 큰 나라를 섬기고 작은 나라를 섬기는 정책을 꾸준히 밀고 나가는 데 장애가 되지 않을지 걱정됩니다."
"전하께서는 작은 용맹을 좋아하시는 일이 없기를 바랍니다. 칼자루를 어루만지며 눈을 부릅떠 상대방을 노려보면서 '네가 감히 나를 당할 수 있겠느냐.' 하는 것은 필부의 용맹에 불과합니다. 그것은 겨우 한 사람을 대적하는 작은 용맹입니다.
전하께서는 부디 큰 용맹을 가지시기 바랍니다. 옛날에 무왕은 은나라의 폭군 주왕 한 사람이 천하의 백성을 불행에 빠뜨리는 것을 보고 떨쳐 일어나 주왕을 토벌하고 천하의 백성을 편안하게 해 주었습니다. 이것이 무왕의 큰 용맹입니다.

전하께서도 한 번 성내시어 천하의 백성들을 편안하게 해 줄 수 있다면, 백성들은 전하께서 용맹을 좋아하지 않으면 어쩌나 하고 걱정할 것입니다."

수신론
맹자로 한국 살리기

진정한 용기란 어떤 것인가

공손추가 맹자에게 물었다.

"선생님께서 우리 제나라의 재상이 되시어 어진 정치를 베푸신다면 우리 제나라가 천하의 제후국을 아우르는 일은 어려운 일이 아닐 것입니다. 그러나 일을 해 나가는 가운데 여러 난관에 부딪힐 것이고, 그러면 마음이 흔들릴 수도 있을 것이라고 생각됩니다. 그럴 경우에도 선생님은 처음의 뜻을 끝까지 밀고 나갈 수 있겠는지요?"

"나는 나이 마흔에 이르러 마음이 흔들리지 않는 수양을 쌓았다."

"마음을 흔들리지 않게 지켜 나가는 데는 용기가 있어야 한다고 생각합니다. 선생님은 살아 있는 소의 뿔을 뽑았다고 소문난 맹분보다 더 용맹하신 분입니다."

"그렇지 않다. 마음을 흔들리지 않게 하기란 그렇게 어려운 일이 아니다."

수신론
어린아이 마음을 잃지 마라

 "어려운 일이 아니라면 저에게도 그 방법을 가르쳐 주십시오."
 "북궁유라는 사람은 제나라의 용사인데, 어떠한 위협에도 마음이 흔들리지 않았다. 용기를 기르는 데 살을 찔러도 눈썹 하나 움직이지 않았고, 눈을 찔러도 눈 한 번 깜박이지 않았으며, 털끝만큼이라도 남에게 지면 마치 많은 사람 앞에서 매라도 맞은 것처럼 창피하게 생각했으며, 임금에게서라도 업신여김을 받지 않으려 했을 만큼 자존심이 강한 사람이었다.
 임금에게 대들기를 마치 천한 사람에게 대들듯이 해서 제후들을 두려워하지 않았고 누구라도 자기를 비방하는 사람에게는 반드시 보복하고 말았다.
 북궁유는 반드시 상대방을 이기고야 마는 근성으로 마음이 흔들리지 않은 사람이었다.
 맹시사라는 사람 역시 제나라의 용사인데, 용기를 기르는 방법으로 '나는 이기지 못할 것도 이길 것으로 생각한다. 적의 힘을 알아본 뒤에야 싸우러 나가고, 이길 자신이 선 뒤에야 싸운다면 그것은 적을 두려워하는 것이 아니겠는가. 내가 싸움터에 나갔을 때마다 꼭 이길 수만 있겠는가. 나는 오직 두려워하지 않을 뿐이다.'라고 말했다.
 맹시사는 이길 수 없는 조건에서도 이길 수 있다고 생각한 것이지. 이기고 지는 것을 떠나 상대를 두려워하지 않는 것으로 마음이 흔들리지 않은 사람이었다.

이 두 사람 중 북궁유는 외향적이라면 맹시사는 내성적이라고 볼 수 있는데, 두 사람의 용기가 비슷한 것이기는 하지만 그래도 내성적으로 자기 기개를 지킨 맹시사 쪽이 낫다고 할 수 있을 것이다.

그러나 진정한 용기는 북궁유나 맹시사 같은 용기가 아니라 도덕적인 바탕에서 우러나는 것이어야 한다.

옛날에 증자가 제자인 자양에게 '너는 용기를 좋아하느냐? 스스로 반성해 보고 옳지 않다고 생각하면 아무리 천한 사람이라도 위협하지 않고, 스스로 반성해 보고 옳다고 생각하면 천만인이 있는 곳이라도 당당하게 나가야 하는 것이 참된 용기니라.' 하고 말했다.

맹시사가 지키는 용기는 기($氣$)이므로, 자기 반성의 신념을 지키는 증자만 못한 것이다. 증자의 자기 반성에 바탕을 둔 신념이야말로 움직일 수 없는 큰 용기이며 도덕적인 것이라고 할 수 있을 것이다."

수신론
어린아이 마음을 잃지 마라

흔들리지 않는 마음이란?

공손추가 맹자에게 물었다.

"선생님의 흔들리지 않는 마음과, 선생님의 인성론에 반론을 편 고자의 흔들리지 않는 마음과는 어떻게 다릅니까?"

"고자는 말하기를 '말에서 얻지 못하는 것이 있으면 마음에서 구하지 말며, 마음에서 얻지 못하는 것이 있으면 기에서 구하지 말라.' 고 했다.

마음에서 얻지 못하는 것을 기에서 구하지 않는 것은 좋으나, 말에서 얻지 못하는 것을 마음에서 구하지 말라는 것은 옳지 않다.

심지(心志)는 기력(氣力)을 통솔하는 것이며, 기력은 몸을 통솔하는 것이다.

심지가 가장 지극한 것이고 기력은 그 다음이 되므로 심지를 보존하면서도 기력을 해치는 일이 없도록 하라는 것이다."

"심지가 가장 지극한 것이고 기력은 그 다음이 된다고 말씀하시면서, 또 심지를 보존하면서도 기력을 해치는 일이 없도록 하라는 말씀은 무슨 뜻입니까?"

"심지가 한결같으면 기력을 움직이듯이 기력이 한결같으면 심지를 움직이게 된다. 이를테면 달리다가 넘어지는 것이 기력이지만 이것이 심지를 움직이게도 하는 것이다."

무엇을 호연지기라 하는가

공손추가 맹자에게 물었다.
"무엇을 호연지기라고 합니까?"
"말로써 설명하기 어려운 것이다. 기는 크고 강해서 올바르게 기르면 하늘과 땅 사이에 가득 차게 된다.
기는 정의(正義)와 정도(正道)에 맞는 것으로 정의와 정도가 없으면 기는 사그라지고 만다. 기는 마음 속에 '의'를 모으면 자연 발생하는 것일 뿐, 밖에서 들어와 얻어지는 것이 아니다. 행동하여 마음에 내키지 않는 점이 있으면 기가 빠지고 만다. 고자는 의를 밖에 있는 것으로 여기기 때문에, 나는 그가 의를 모르는 사람이라고 생각한다.
호연지기를 기르는 사람은 의에 따라 살며, 호연지기가 갑자기 생기기를 바라지 말아야 하며, 그렇다고 해서 무리하게 호연지기를 기르려고 하지도 말고, 송나라 사람이 한 것처럼 어리석은 짓은 하지 말아야 할 것이다.

　송나라의 어떤 사람이 어느날 논에 가보니 자신의 벼가 이웃집의 벼보다 작아 보이자 벼의 싹을 뽑아 올려놓고, 집에 돌아와서 '아이고 힘들다. 오늘 나는 벼가 잘 자라도록 도와 주고 왔다.'고 말했다. 이 말을 들은 그 사람의 아들이 논에 가 보니 벼는 이미 시들어 버렸다.

　세상에는 벼가 빨리 자라도록 도와 주지 않는 사람이 없을 것이다. 다만 내버려 두는 사람은 논에 김을 매지 않는 사람이요, 무리하게 자라게 하는 사람은 싹을 뽑아 올리는 사람이다. 이런 사람들에게는 이익이 없을 뿐만 아니라 도리어 해만 돌아갈 뿐이다."

그 사람의 말을 들으면 마음을 알 수 있다

공손추가 맹자에게 물었다.

"선생님, '그 사람이 하는 말의 속뜻을 안다'는 것은 무슨 뜻입니까?"

"한쪽으로 치우친 말을 들으면 그렇게 말하는 사람의 속마음을 알 수 있고, 음란한 말을 들으면 그렇게 말하는 사람의 마음이 빠져 있는 곳을 알 수 있고, 간사한 말을 들으면 그렇게 말하는 사람이 이간하는 데를 알 수 있고, 회피하는 말을 들으면 그렇게 말하는 사람의 궁한 처지를 알 수 있다. 이 네 가지가 마음에 생겨나 정치를 해치고, 정치에 나타나 일을 해치는 것이다."

수신론
맹자로 한국 살리기

왜 직업을 가려서 가져야 하는가

맹자가 말했다.

"화살을 만드는 사람이라고 해서 갑옷 만드는 사람만큼 어질지 못하랴만, 화살 만드는 사람은 어떻게 하면 사람을 더 많이 상하게 할까만을 생각하며 여러 가지 방법을 쓴다. 반면에 갑옷 만드는 사람은 어떻게 하면 사람이 상하지 않게 할까만을 생각하며 온갖 방법을 다 쓴다.

무당은 사람의 병이 낫도록 기도하고 주문을 외우는 데 반해, 관 만드는 사람은 사람이 죽기를 바란다. 그러므로 직업을 선택할 때는 신중해야 한다.

공자께서는 '인(仁)을 가려 거처하지 않는다면 지혜로운 사람이라 할 수 없다.'라고 하셨다.

인이라고 하는 것은 하늘이 사람에게 준 가장 높은 바탕이며, 사람이 살아야 할 보금자리이다.

수신론
어린아이 마음을 잃지 마라

 인을 실천하는 데는 아무도 가로막을 사람이 없다. 그런데도 버려 두고 찾을 줄 모르는 사람은 지혜롭지 못한 사람이다.
 어질지 못하고 지혜롭지 못하며, '예'가 없고 '의'가 없는 사람은 남의 지배를 받으며 사는, 곧 남의 부림을 받는 사람이 될 수밖에 없다.
 남에게 부림을 받으면서 부림받는 것을 부끄러워한다면, 활 만드는 사람이 활 만드는 일을 부끄러워하고, 화살 만드는 사람이 화살 만드는 일을 부끄러워하는 것과 같다. 남의 부림을 받으며 사는 것을 부끄럽게 여긴다면 인을 찾아 실천해야 할 것이다.
 인을 실천한다는 것은 마치 활 쏘는 경기를 하는 것과 같다. 활 쏘는 사람은 마음을 가다듬고 자세를 바르게 한 뒤에 화살을 쏘아 보낸다. 화살이 과녁에 맞지 않아도 실망하지 않으며, 과녁을 맞추지 못한 원인을 나에게서 찾는다.
 공자의 제자인 자로는 다른 사람이 잘못을 충고해 주면 기쁘게 받아들였다.
 하나라의 우임금은 남에게서 착한 말을 들으면 그 사람에게 사례하고 절을 했다. 또 순임금은 선을 다른 사람들과 함께 실천했으며, 다른 사람에게 선이 있으면 주저하지 않고 따라서 했다. 농사짓고 질그릇 만들며 고기 잡을 때부터 임금이 되기까지 선이라면 사람들에게서 배우지 않은 것이 없었다.
 다른 사람에게 선을 실천하는 것은 곧 사람들의 선을 부추기는 일이다.

　순임금이 자기의 선을 본받아 실천에 옮기는 것을 보면, 그 사람은 기뻐서 더욱 선을 실천하려 할 것이다.

　그러기 때문에 다른 사람과 함께 선을 실천하는 것보다 더 위대한 일은 없다.

수신론
어린아이 마음을 잃지 마라

나를 구부려 남을 바로잡을 수 없다

진대가 스승인 맹자에게 말했다.

"선생님께서 제후들을 만나 왕도 정치를 펴도록 적극적으로 설득하십시오. 선생님께서 제후를 만나신다면, 잘하면 왕자(王者)로 만들 수 있을 것이요, 잘못해도 패자(覇者)는 만들 수 있을 것입니다.

옛말에도 '한 자를 구부려 여덟 자를 편다.'는 말이 있습니다. 이 말은 한 자를 손해 보는 대신 여덟 자의 이득을 얻는다는 말로서 소를 희생해서 대를 얻는다는 뜻이니, 선생님께서 왕도 정치의 실현을 위해 설사 작은 명분을 포기한다 하더라도 제후들을 자주 만나야 하는 것 아니겠습니까. 그런데 선생님은 제후들과 타협하지 않으시니 마음이 협량하신 것 같습니다."

진대의 충고에 맹자는 다음과 같이 말했다.

"옛날에 제나라 경공이 사냥을 나갔을 때 사냥터를 관리하는 우인을 불렀으나 우인이 오지 않으므로, 경공이 그를 죽이려 했다.

공자께서는 이 이야기를 듣고 '지사는 어려움에 처할 때라도 구렁텅이에 빠질 각오가 되어 있으며, 용사는 자기 목을 잃을 각오가 되어 있다.' 고 하셨다.

공자께서 우인의 무엇을 취했겠는가. 정당한 방법으로 부르지 않으면 가지 않는 것을 취한 것이다. 한낱 사냥터 관리인도 그러한데, 제후가 부르지 않는데도 내가 찾아간다면 무슨 꼴이 되겠는가.

한 자를 구부려서 여덟 자를 편다는 것은 이득을 가지고 한 말이니, 만약 이득이 있다면, 여덟 자를 구부려서 한 자를 펴도 괜찮다는 말인가.

옛날에 진(晉) 나라의 조간자는 부하인 폐해가 사냥을 나가자, 수레몰이꾼 왕량을 시켜 폐해의 수레를 몰게 했는데, 하루종일 새 한 마리도 잡지 못했다. 폐해는 조간자에게 '왕량은 서투른 수레몰이꾼입니다.' 하고 보고했다.

어떤 사람이 이 말을 듣고 왕량에게 전해 주었다. 왕량이 조간자에게 가서 '다시 한 번 폐해의 수레를 몰게 해 주십시오.' 하고 청해 허락을 받았다. 이번에는 폐해가 새를 열 마리나 잡았다. 폐해는 조간자에게 '왕량은 천하 제일의 수레몰이꾼입니다.' 하고 칭찬했다.

조간자가 폐해에게 '왕량을 그대의 전속 수레몰이꾼으로 하겠

> 수신론
> 어린아이 마음을 잃지 마라

다.'고 하니 폐해는 좋아했으나, 왕량이 거절했다.

'제가 폐해를 위해 법도대로 수레를 몰면 하루종일 사냥을 해도 새 한 마리 잡지 못하고, 수레를 법도에 어긋나게 몰아 새들을 만나게 해 주었더니 한 나절이 가기도 전에 새를 열 마리나 잡았습니다. 저는 폐해와 같은 소인배의 수레를 모는 데는 서투르니 사양하겠습니다.'

이렇게 수레를 모는 사람조차도 활 쏘는 사람의 비위나 맞추면서 원칙을 어기는 것을 부끄럽게 여겨, 그런 짓을 하지 않겠다 했는데, 만일 내가 명분을 어겨 가면서까지 제후들을 따라다닌다면 내 꼴이 뭐가 되겠는가.

자기를 구부려 남을 바로잡은 사람은 아직 없었다."

☞ 조간자(趙簡子) : 진(晉)나라의 대부(大夫).
☞ 폐해(嬖奚) : 조간자의 총애를 받은 신하.

수신론
맹자로 한국 살리기

진정한 대장부란 어떤 사람인가

종횡가(縱橫家)는 나라 사이의 이해 득실로써 제후를 설득해 자신의 영달을 추구하는 사람들이다. 그런 종횡가의 한 사람인 경춘이 맹자에게 말했다.

"위(魏)나라 사람인 공손연과 장의는 종횡가의 대표적인 인물입니다. 저는 그 두 사람을 진정한 대장부라고 생각합니다. 그들이 한 번 노하면 천하의 제후들이 두려워하고, 그들이 가만히 있으면 천하가 잠잠합니다."

"그런다고 해서 대장부가 될 수 있겠습니까?

넓은 세상에 살며 올바른 자리에 서서 천하의 대도를 실천해, 뜻을 이루면 백성들과 함께 도를 실천해 가고 뜻을 이루지 못했을 때는 혼자 도를 실천하여, 부귀로도 마음을 혼란하게 하지 못하고 빈천으로도 마음을 바꾸게 하지 못하며 위세나 무력으로도 마음을 굴복시키지 못하게 되어야만 진정한 대장부라 할 수 있습니다."

수신론
어린아이 마음을 잃지 마라

모든 원인은 나에게있다

맹자가 말했다.

"내가 그를 사랑하는데 그가 나에게 친밀한 정을 주지 않으면 지극함이 부족하지 않은가를 반성하고, 온 정성을 다해 백성을 사랑하는데도 백성이 따라 주지 않으면 내 지혜가 부족하지 않은가를 반성하며, 내가 그를 예로써 대하는데도 그가 나에게 화답해 오지 않으면 나의 공경하는 태도에 온당하지 않은 점이 있는가를 반성하라.

내가 온갖 노력을 다 기울였는데도 결과가 드러나지 않으면 내게서 원인을 찾아라. 내가 올바르면 천하의 모든 것이 내게로 돌아오는 것이다."

자신이 만든 재앙은 피할 수 없다

맹자가 말했다.

"어질지 않은 사람과는 대화할 수 없다.

어질지 않은 사람은 위태로운 일을 당하고도 태평하고, 자기에게 재앙이 될 일도 이로운 일이라고 믿어 곧 망할 줄은 모르고 즐거워한다.

만약 어질지 않은 사람과 대화할 수 있다면, 나라가 망하고 집안이 몰락하는 일은 생기지 않을 것이다.

어떤 어린아이가 '물이 맑으면 내 갓끈을 씻고 물이 흐리면 내 발을 씻으리라.' 하고 노래를 불렀다.

공자께서 이 노래를 듣고 '저 노래를 들어 보라. 맑으면 갓끈을 씻고 흐리면 발을 씻는다고 한다. 물이 제 스스로 자기의 격을 만드는 것이다.' 라고 하셨다.

내가 나를 모욕하면 남도 나를 모욕하게 되고, 가문이 스스로 무너지면 남들이 그 가문을 무너뜨리게 되며, 한 나라에도 내부가 어지러워지면 다른 나라가 쳐들어오게 된다.
 그러므로 '하늘이 주는 재앙은 피할 수 있으나, 자신이 만든 재앙은 모면할 수 없다.'고 했다.

스스로 자기를 깎아내리는 사람

맹자가 말했다.

"스스로 자기를 깎아내리는 사람과는 함께 이야기를 나눌 수 없고, 스스로 자기를 버리는 사람과는 함께 일할 수 없다.

'예'와 '의'를 비난하는 것을 '자기를 깎아내린다' 하고, 내 몸이 인(仁) 속에 살며 의(義)로운 곳으로 가지 못할 것이라고 믿는 것을 '자기를 버린다'고 한다.

'인'은 사람이 편안히 살 수 있는 집이요, '의'는 사람이 걸어야 할 바른 길이다. 편안한 집을 비워 놓고 살지 않으며, 바른 길을 버리고 가지 않으니 슬픈 일이다."

수신론
어린아이 마음을 잃지 마라

성실함에 감동받지 않은 사람은 없다

맹자가 말했다.

"아랫자리에 있으면서 윗사람의 신임을 얻지 못하면 백성을 다스리지 못한다.

벗들에게서 신임을 얻지 못하면 윗사람에게서도 신임을 얻지 못한다.

어버이를 섬겨 기쁘게 해 드리지 못하면 벗들에게서 신임을 얻지 못한다.

자신을 반성하여 성실하지 못하면 어버이를 기쁘게 해 드릴 수 없다.

'선'을 알지 못하면 나 자신이 성실할 수 없다.

성실은 하늘의 도리이고, 성실해야 하는 것은 사람의 도리이다. 성실함에 감동받지 않은 사람은 아직까지 없었고, 성실하지 않고서도 남을 감동시킬 수 있는 사람은 아직까지 있지 않았다."

아버지는 아들을 가르치지 못한다

공손추가 맹자에게 물었다.
"아버지는 자기 아들을 직접 가르치지 않는다고 하는데 왜 그러는 것입니까?"

"교육이란 올바름을 가르치는 것이다. 올바름을 가르쳤는데 아들이 따라 주지 못하면 아버지는 화를 내게 된다. 그러면 아들은 '아버지는 나에게 올바른 것을 가르치면서, 아버지의 태도는 올바르지 않다.'고 생각하게 된다. 그렇게 되면 아버지와 아들 사이는 서먹해진다.

옛날에는 아들을 서로 바꾸어 가르쳤고, 아버지는 아들에게 잘하라고 채근하지도 않았다. 잘하라고 채근하면 틈이 생기고, 틈이 생기면 그보다 더 좋지 못한 일이 없을 것이다."

수신론
어린아이 마음을 잃지 마라

맹자의 제자 악정자는 노나라 사람으로 노나라에서 벼슬살이를 하고 있었다. 맹자가 제나라에 머무르고 있을 때 악정자가 제나라에 들른 적이 있었다.

제나라에 온 악정자가 스승인 맹자를 찾아뵈었다. 그런데 맹자의 태도가 냉랭했다.

"자네도 나를 만나러 왔는가?"

뜻밖에도 냉랭한 스승의 말에 당황한 악정자는 그런 스승의 태도가 서운했다.

"선생님께서는 어찌 그렇게 말씀하십니까?"

그러자 맹자가 심문하듯 물었다.

"자네, 여기 온 지 며칠이 되었나?"

"어제 왔습니다."

"어제 왔다?"

"머무를 집을 정하지 못해서 오늘 인사드리게 되었습니다."
"자네는 머무를 집을 정한 다음에라야 어른을 찾아뵙는다고 배웠는가?"
악정자는 비로소 스승이 왜 냉랭하게 대하는지 깨달았다.

수신론
어린아이 마음을 잃지 마라

지나친 칭송은 부끄럽게 여긴다

서자가 맹자에게 물었다.

"공자께서는 물을 찬양하여 '물이여 물이여'라고 하셨는데, 물의 무엇을 찬양한 것입니까?"

"근원이 깊은 샘물은 밤낮을 가리지 않고 끊임없이 흘러나와 웅덩이를 가득 채워 호수를 만들고 나서, 또다시 앞으로 나아가고, 나아가면서 마침내 바다로 들어간다. 근본이 있는 것은 이와 같으므로 이것을 찬양한 것이다.

근본이 없으면 여름 장마에 빗물이 모여 크고작은 개천을 만들며 넘쳐 흐르다가도, 비가 그치면 물이 말라 버리는 것을 서서 기다릴 수 있는 것과 같다. 그러므로 훌륭한 사람이라면 남들이 보내는 지나친 칭송을 부끄럽게 생각하는 것이다."

수신론
맹자로 한국 살리기

제자를 가르치는 스승의 자세

하나라 때 봉몽이라는 사람은 활을 잘 쏘는 예에게서 활 쏘는 법을 배웠다.

봉몽은 활쏘기를 다 배운 다음 '지금 예만 없애버린다면, 천하에 나를 당할 궁술은 아무도 없을 것이다.' 라고 생각했다.

봉몽은 예가 사냥하는 틈을 타서 사람을 시켜 예를 죽여 버렸다. 이 고사에 대해 맹자가 말했다.

"일이 그렇게 된 데는 예에게도 잘못이 있다."

공명의는 맹자의 말을 이해할 수 없었다.

"예에게 무슨 잘못이 있다는 말씀인지요."

맹자는 자탁유자와 유공지사의 이야기를 예로 들어 대답했다.

위(衛)나라와 정나라가 싸움을 벌였다.

위나라 장수 유공지사가 정나라 장수 자탁유자의 뒤를 쫓았다.

수신론
어린아이 마음을 잃지 마라

　자탁유자가 쫓기면서 "오늘은 내가 병이 나 활을 잡지 못하겠으니 나는 죽게 되었구나." 하고는 시종에게 "나를 쫓는 자가 누구냐."고 물었다. 시종이 "유공지사입니다." 하고 대답하니, 자탁유자는 "그렇다면 나는 살았구나." 하고 안심했다.
　시종이 "유공지사는 위나라에서 활을 제일 잘 쏘는 사람인데, 장군께서 '그렇다면 나는 살았다.' 고 말씀하시니 그게 무슨 뜻입니까?" 하고 물었다.
　자탁유자가 "유공지사는 활 쏘기를 윤공지타에게서 배웠고, 윤공지타는 활 쏘는 법을 나한테 배웠다. 윤공지타는 마음이 바른 사람이다. 그에게 활을 배운 유공지사도 마음이 바른 사람일 것이다." 하고 대답했다.
　그 때 추격하여 온 유공지사가 자탁유자에게 물었다.
　"장군은 왜 활을 잡지 않으시오?"
　"오늘 나는 병이 나서 활을 잡지 못하오."
　"나는 윤공지타에게서 활 쏘는 법을 배웠고, 나의 스승 윤공지타는 장군에게서 활 쏘는 법을 배웠소. 나는 차마 장군이 가르친 궁도로써 장군을 해칠 수는 없소. 그러나 오늘은 임금이 내게 명하신 일이니 내가 활을 쏘지 않을 수도 없소이다."
　유공지사는 화살을 뽑아 수레바퀴에다 두드려 촉을 빼 버리고, 촉 없는 화살 녁 대를 쏜 뒤에 돌아갔다.

수신론
맹자로 한국 살리기

군자는 어떤 사람인가

맹자가 말했다.

"군자는 마음가짐이 보통 사람들과는 다르다. '인'을 본심에 지니고 '예'를 본심에 지닌다.

어진 이는 남을 사랑하고 예의바른 사람은 남을 공경한다.

남을 사랑하는 사람은 남도 그를 사랑하고 남을 공경하는 사람은 남도 그를 공경한다.

나에게 나쁘게 대하는 사람이 있다면, 자신을 반성하여 '내가 틀림없이 어질지 못하고 예의 없는 행동을 했을 것이다. 그렇지 않고서야 어찌 이런 일이 나에게 일어난단 말인가.' 하고 자탄한다. 이렇게 반성해서, 모든 사람들이 다 나를 가리켜 '어질고 예의가 있다'고 하는데도 나에게 나쁘게 대하는 사람이 있다면 또 자신을 반성한다.

'내가 마음을 다하지 못했던 것이구나.' 하고 거듭 반성해서, 마음에 다하지 못한 것이 없는데도 나에게 나쁘게 대하는 사람이 있다면, 그 때 가서 '이 사람은 망령된 자로구나.' 하고 말한다. 망령된 사람은 새나 짐승과 다를 바가 없다. 새나 짐승에게 어찌 옳고 그른 것을 가릴 수 있겠는가.

 이런 까닭에 죽을 때까지 가지는 근심은 있어도 하루아침에 갑자기 생기는 근심은 없는 것이다.

 만약 근심거리가 있다면 '순임금도 사람이요, 나도 사람이다. 그런데 순임금은 천하의 모범이 되어 후세에 그 명성이 전하는데, 나는 아직도 시골의 보통 사람을 면하지 못하고 있다.' 는 것 정도일 것이다.

 이런 근심이라면 근심할 만한 일이다. 근심을 하기는 하되, 순임금과 같아지려고 할 뿐이다.

 군자는 근심하는 일이 없다. '인' 이 아니면 하지 않고, '예' 가 아니면 하지 않는다. 그러므로 하루아침에 갑자기 생기는 근심이 있더라도 그것을 근심하지 않는다."

수신론
맹자로 한국 살리기

아내가 보기에 부끄러운 남편

　제나라 사람 중에 한 집에서 아내와 첩을 거느리고 사는 사람이 있었다.
　남편은 밖에 나가면 언제나 술에 취하고, 고기를 배부르게 먹고 돌아오는 것이었다.
　아내가 "당신에게 술과 고기를 그렇게 대접하는 사람이 누구입니까?" 하고 물었다.
　"돈 많고 벼슬이 높은 사람들이지."
　이 말을 들은 아내는, 지금까지 집에 그런 사람이 찾아오는 것을 본 일이 없으니 남편이 하는 말에 신뢰가 가지 않았다. 아내는 남편이 가는 곳을 몰래 따라가 보기로 했다.
　이튿날 남편 몰래 뒤를 밟았다. 남편은 저자거리를 돌아다니면서도 아는 척을 하거나 이야기를 주고받는 사람이 없었다.
　동쪽 성문 밖 무덤이 많은 데서 제사 지내는 사람에게 가더니, 그

수신론
어린아이 마음을 잃지 마라

들이 먹다 남은 음식을 구걸해 먹고는 그래도 부족했던지 사방을 둘러보면서 다른 데로 가는 것이었다.

아내는 기가 막혀서 집으로 돌아와 "남편이란 평생을 우러러보면서 살아야 할 사람인데, 이제 보니 우리 남편이 이런 꼴이라니." 하고는 첩과 함께 울었다.

술에 취해 돌아온 남편은 그런 줄도 모르고 자랑스럽게 아내와 첩에게 뽐내는 것이었다.

이 이야기를 들은 맹자는 이렇게 말했다.

"부귀와 이익과 영달을 구하는 사람들의 행위를 보면, 아내와 첩이 부끄러워하지 않을 경우는 매우 드물 것이다."

벗을 사귀는 방법

만장이 맹자에게 물었다.
"벗을 사귀는 방법에 대해 가르쳐 주십시오."
"나이가 많고 적음을 따지지 않으며, 귀하고 천한 신분을 따지지 않으며, 형제가 많고 적음을 따지지 않아야 한다. 오로지 그 사람의 덕을 따져 벗해야 한다.
노나라의 어진 신하 중손멸은 부귀한 집안의 자식이었다. 그에게는 다섯 명의 벗이 있었다.
자기 집안의 부귀를 내세우지 않았기 때문에 그들과 벗할 수 있었다. 그 다섯 명도 중손멸의 집안이 고귀한 것을 마음에 두었다면 벗하지 못했을 것이다.
진(晉)나라의 평공이 어진 선비 해당의 덕을 사모하여 해당의 집을 자주 방문하며 벗으로 사귀었는데, 해당이 들어오라고 하면 들어가고, 앉으라고 하면 앉고, 먹으라고 하면 먹었다.

수신론
어린아이 마음을 잃지 마라

비록 거친 밥과 나물국이라도 맛있게 먹었다.
 그러나 거기에서 그쳤을 따름이다. 하늘이 준 지위를 그와 함께 나누어 가지지도 않았고, 하늘이 준 직분을 그와 함께 나누어 다스리지도 않았으며, 하늘이 준 녹을 그와 함께 나누어 먹지도 않았다. 이것은 선비가 선비를 존경한 것이지, 임금으로서 선비를 존경한 것은 아니다.
 요임금은 순임금의 어진 덕을 인정하고 신분을 초월한 평등한 교제를 했다.
 순임금을 부궁에 머무르게 하고, 가서 만나 보기도 하고 향연에 초청하기도 하며, 서로서로 빈객도 되고 주인도 되었으니, 이것은 천자로서 필부를 벗한 것이다."

☞ 중손멸(仲孫蔑) : 노(魯) 나라의 어진 대부. 맹헌자(孟獻子).

제후들이 보낸 예물을 받아야 하는가?

만장이 맹자에게 물었다.
"여러 제후들이 선생님과 사귀기를 바라며 예물을 보내 오고 선생님은 그 예물들을 받으셨습니다. 왜 제후들은 예물을 보내면서까지 선생님과 사귀기를 바라는 것입니까?"
"제후들이 나를 공경한다는 뜻을 표현한 것이다."
"그런 예물은 물리쳐야 옳은 일이 아닐까요?"
"존귀한 사람이 예물을 보내는데, 그 예물이 옳은 것인가 옳지 않은 것인가를 따져 본 뒤에 받는다면, 그것은 예물을 보내 준 사람에 대해 불공스러운 일이 된다. 그러므로 물리치지 않고 받은 것이다."
"제후가 백성들에게서 무리하게 거둔 물건이라 마음으로 생각하시고, 물리치면 되지 않겠습니까?"
"바른 도로써 사귀고, 예로써 사귀기를 청하면 공자께서도 예물을 받으셨다."

"만약 무기를 들고 사람을 해쳐 강도질하는 자가 도로써 사귀어 오고 예로써 예물을 보낸다고 하면, 그 강도질한 물건을 받을 수 있겠습니까.?"

"그것은 안 된다. '서경'의 주서 강고편에도 '사람을 죽여 쓰러뜨리고 재물을 빼앗고도 죽음을 두려워하지 않는 자는 백성들이 미워하지 않을 수 없다.'고 했다. 이것은 임금의 명을 기다릴 것도 없이 곧 죽여야 마땅하다. 어떻게 그런 자가 주는 것을 받을 수 있단 말인가."

"오늘날 제후들이 백성들을 착취하는 것은, 사람을 죽이고 재물을 강탈하는 것이나 다를 것이 없습니다. 그런데도 그들이 예의만 잘 갖춘다면 그 예물을 받아도 좋다고 하시니 무슨 이유에서인지 저로서는 이해하기 어렵습니다."

"자네 생각으로는 천하를 평정한 왕자(王者)가 나온다면, 오늘날의 제후들을 모조리 죽일 것이라고 생각하는가, 아니면 그들을 훈계하여 고치게 하고, 그래도 고치지 않을 경우에 죽일 것이라고 생각하는가.

그가 가질 것이 아닌데 가졌다고 해서 그를 도둑이라고 말하는 것은 너무 극단적인 데까지 의미를 확대시킨 생각이다.

공자께서 노나라에서 벼슬할 때 노나라 사람들이 사냥 시합을 하면 공자께서도 그들과 함께 사냥 시합을 했다. 공자께서 노나라

풍습에 따라 사냥 시합을 하는 것이 옳은 것은 아니지만, 공자께서는 그런 기회를 이용해 그들을 선도하려 했던 것이다. 그러나 그것이 뜻대로 되지 않자 공자께서는 노나라를 떠났던 것이다."

수신론
어린아이 마음을 잃지 마라

하늘의 뜻에 따라 살아라

맹자가 말했다.

"자기의 마음을 다하는 사람은 마음의 바탕을 알게 되며, 마음의 바탕을 알면 하늘을 알게 된다. 마음을 지켜 마음의 바탕을 잘 닦는 것은 하늘을 섬기는 방법이다.

일찍 죽고 오래 사는 데 의심을 두지 않고, 몸을 닦고 하늘의 뜻을 기다리는 것만이 하늘의 뜻에 따르는 방법이다.

모든 일이 하늘의 뜻 아닌 것이 없으므로 올바른 하늘의 뜻을 순리로 받아들여야 한다. 그러므로 하늘의 뜻을 아는 사람은 무너질 담장 밑에 서지 않는다.

자신의 도리를 다하고 죽는 것은 하늘의 뜻을 따른 것이며, 죄를 짓고 형벌을 받아 죽는 것은 하늘의 뜻을 따른 것이 아니다."

교육에 관하여

•
맹자가 말했다.
"남을 가르치는 방법에는 다섯 가지가 있다.
 첫째, 제때 내리는 비가 초목을 저절로 자라게 하는 것처럼 빠르게 교화시키는 방법이 있고, 둘째 덕을 성취시켜 주는 방법이 있고, 셋째 재능을 발달시켜 주는 방법이 있고, 넷째 물음에 대답해 주는 방법이 있고, 다섯째 혼자서 덕을 닦게 해 주는 방법이 있다.
 배우는 사람의 자질에 따라 이렇게 가르치는 방법을 달리 하는 것이다."

•
공손추가 맹자에게 물었다.
"도는 높고도 아름다운 것입니다만, 마치 하늘에 올라가는 것처

수신론
어린아이 마음을 잃지 마라

럼 높아 보여 거기에 도달할 수 없을 것만 같습니다. 왜, 배우는 사람이면 누구나 도달할 수 있는 방법으로 가르치지 않는 것입니까?"

"훌륭한 목수는 서투른 목수를 위해 먹줄 쓰는 방법을 바꾸거나 없애지 않는다. 활 잘 쏘는 사람은 활을 잘 쏘지 못하는 사람을 위해 활 당기는 방법을 바꾸지 않는다.

훌륭한 스승은, 활을 당겨 아직 쏘지는 않고 있으나 지금 막 쏘려는 자세를 취하고 있다. 중용의 도에 맞게 가르친다면, 능력 있는 사람이라면 누구나 따라갈 수 있을 것이다."

●

맹자가 말했다.

"집 짓는 목수나 수레 만드는 장인들이 남에게 연장 쓰는 방법을 가르칠 수 있으나 기술이 좋아지도록 해 주지는 못한다."

●

맹자가 말했다.

"중용의 덕을 지닌 사람은 중용의 덕을 지니지 못한 사람을 키우며, 재능이 있는 사람은 재능이 없는 사람을 키운다. 그러므로 현명한 부형이 있으면 좋은 것이다.

만약 중용의 덕을 지닌 사람이 중용의 덕을 지니지 못한 사람을 버리고, 재능 있는 사람이 재능 없는 사람을 버린다면, 현명한 사람과 현명하지 못한 사람의 차이가 한 치도 되지 못한다 할 것이다."

☞ **양자(楊子)** : 이름은 주(朱). 자애설(自愛說)과 위아(爲我), 즉 모든 것을 나를 위해서라는 극단적인 이기주의(利己主義)를 표방하였다. 그의 이론을 따르는 일파를 양가(楊家)라 일컫는다.
☞ **묵자(墨子)** : 이름은 적(翟). 겸애(兼愛) 검약을 주장하였다. 그의 이론을 따르는 일파를 묵가(墨家)라 일컫는다.

수신론
어린아이 마음을 잃지 마라

바다를 본 사람은 다른 물이 물 같지 않고

맹자가 말했다.

"공자께서는 동산에 올라가 보고 노나라가 작다는 것을 깨달았고, 태산에 올라가 보고 천하가 작다는 것을 깨달았다.

바다를 본 사람은 다른 물이 물 같지 않고, 어진 사람들과 어울리는 사람에게는 다른 말들이 올바른 말로 들리지 않는다.

해와 달의 빛이 밝음은 아무리 작은 틈새라도 비치지 않는 곳이 없음을 보고 알 수 있다.

물의 크고 작음은 그 물결을 보아야 한다.

흐르는 물은 웅덩이를 채우지 않으면 앞으로 나가지 않으며, 사람이 도에 뜻을 두고 한 단계 한 단계 거치지 않으면 성현의 경지에 이를 수 없다."

하나를 고집하면 아흔아홉 가지가 막힌다

맹자가 말했다.

"위(魏)나라 사람으로 자애설(自愛說)을 주장한 양자는 나만을 위한다는 생각을 가지고 있기 때문에 터럭 한 개를 뽑아 세상을 이롭게 한다 해도 하지 않는다고 했다.

묵자는 겸애설(兼愛說)을 주장하여 머리끝에서부터 발뒤꿈치까지 다 닳아 없어진다 해도 세상을 이롭게 하는 일이라면 다 한다고 했다.

노나라 사람 자막은 그 가운데를 잡았다. 가운데를 잡고 나가는 것이 도에 가깝다고 하겠으나 가운데를 잡고도 임기응변하는 일이 없으면 오히려 어느 하나를 고집하는 것과 같다.

어느 하나를 고집하는 사람에게 찬성하지 않는 까닭은 그것이 도를 해치기 때문이며, 어느 하나로써 아흔아홉 가지를 막아 버리기 때문이다."

수신론
어린아이 마음을 잃지 마라

청렴을 손상시키는 일

●

맹자가 말했다.

"배고픈 사람은 맛있게 먹고, 목마른 사람은 달게 마신다. 음식의 참맛을 알아서가 아니라 배고픔과 목마름이 음식의 참맛을 구하지 않기 때문이다.

사람의 마음도 이와 같다. 배고픔과 목마름 때문에 참된 마음을 버리지 않을 수만 있다면, 사람됨이 남보다 못하다 해서 비관하지 않을 것이다."

●

맹자가 말했다.

"곡식과 재물을 많이 가지고 있는 사람은 흉년도 그를 죽이지 못하고, 덕을 많이 쌓은 사람은 흉악한 세상도 그의 뜻을 어지럽히지 못한다."

●

맹자가 말했다.

"참된 마음을 가꾸는 데는 욕심을 적게 하는 것보다 더 좋은 것이 없다. 사람됨이 욕심이 적으면 비록 참된 마음을 지키지 못하는 일이 있다 하더라도 극히 적을 것이다. 사람됨이 욕심이 많으면 비록 참된 마음을 보존하는 일이 있다 하더라도 극히 적을 것이다."

●

맹자가 말했다.

"가질 수도 있고 갖지 않을 수도 있을 경우에 갖는다면 그것은 청렴을 손상시키는 것이 된다.

줄 수도 있고 주지 않을 수도 있을 경우에 준다면 그것은 은혜를 손상시키는 것이 된다.

죽을 수도 있고 죽지 않을 수도 있을 경우에 죽는다면 그것은 참된 용기를 손상시키는 것이 된다."

수신론
어린아이 마음을 잃지 마라

●

맹자가 말했다.

"닭이 울 무렵에 자리에서 일어나 꾸준히 선을 추구하는 사람은 순임금 같은 사람이고, 닭이 울 무렵에 자리에서 일어나 꾸준히 이로움을 추구하는 사람은 도척 같은 사람이다.

순임금과 도척이 구별되는 것은 이익을 추구하느냐 선을 추구하느냐에 달려 있다."

●

맹자가 말했다.

"사람에게 부끄러워하는 마음이 없으면 안 된다. 사람이 부끄러워하는 마음이 없음을 부끄러워한다면 부끄러워할 일이 없을 것이다."

●

맹자가 말했다.

"해서는 안 될 짓은 하지 말아야 하고, 욕심내서는 안 될 것은 욕심내지 말아야 한다."

●

맹자가 말했다.

"서시 같은 미인이라도 오물을 얼굴에 바르고 있으면 사람들이 다 코를 가리고 지나갈 것이요, 비록 못생긴 사람이라도 목욕재계를 하면 하느님에게라도 제사지낼 수 있을 것이다."

-

  맹자가 말했다.
  "천하의 근본은 나라에 있고, 나라의 근본은 가정에 있고, 가정의 근본은 자신에게 있다."

-

  맹자가 말했다.
  "사람 사는 도리는 내 몸 가까운 데 있는데 그것을 먼 데서 찾는다. 할 일은 쉬운 데 있는데 그것을 어려운 데서 찾는다.
  사람마다 자기 어버이를 어버이로 섬기고, 어른을 어른으로 섬기면 천하가 화평해질 것이다."

-

  맹자가 말했다.
  "사람의 선악을 살피는 데는 눈동자보다 더 좋은 것이 없다. 눈동자는 그 사람의 악함을 감추지 못한다.
  속마음이 올바르면 눈동자가 맑고, 속마음이 올바르지 못하면 눈동자가 흐린 법이다.
  그가 하는 말을 듣고 그의 눈동자를 살펴보면 어찌 본마음을 숨길 수 있겠는가."

수신론
맹자로 한국 살리기

사람의 세 가지 즐거움

●

맹자가 말했다.

"공손한 사람은 남을 업신여기지 않고, 검소한 사람은 남의 것을 빼앗지 않는다.

남을 업신여기고 남에게서 마구 빼앗는 임금은 그렇게 하면서 오직 백성들이 자기에게 순종하지 않을까 두려워할 것이다. 그러면서도 공손하고 검소하다 할 수 있겠는가. 공손함과 검소함을 부드러운 음성이나 웃는 낯빛으로 꾸밀 수 있겠는가."

●

맹자가 말했다.

"사람에게는 세 가지 즐거움이 있다.

수신론
어린아이 마음을 잃지 마라

　한 가지 즐거움은, 부모가 다 살아 계시며, 형제가 아무 탈이 없는 것이다.
　두 가지 즐거움은, 우러러보아 하늘에 부끄러움이 없고, 굽어보아 사람에게 부끄러움이 없는 것이다.
　세 가지 즐거움은, 세상의 뛰어난 인재를 얻어 가르치는 것이다."

●

　맹자가 말했다.
　"훌륭한 사람은 어린아이의 마음을 끝까지 지니고 있는 사람이다."

☞도척(盜蹠) : 춘추 시대에 있었던 강도 집단의 두목. 전하는 말에 따르면, 도척은 현자(賢者)인 유하혜의 동생으로 9천명의 도당을 거느린 큰 도둑이었다고 한다.
☞서시(西施) : 전국 시대 월(越)나라의 미인. 그는 역사적인 미인으로 이름을 날리고 있다. 오(吳)나라 왕 부차(夫差)의 사랑을 받았다고 한다.

8

효도론
부모 마음을 기쁘게 하라

어머니 장례를 호화롭게 치른 까닭 / 예로써 섬기고, 예로써 제사를 모신다 / 노인을 잘 봉양하는 나라는 흥한다 / 몸을 봉양할 것인가 마음을 봉양할 것인가 / 세 가지 불효 / 인은 어버이를 섬기는 일이요 / 어버이에게 기쁨을 드리지 못하면 / 불효에는 다섯 가지가 있다 / 아버지가 죄를 지으면 / 아버지가 즐겨 먹는 음식 / 순임금의 큰 효도 / 천하를 손으로 건질 수는 없다 / 아내를 얻으려면 부모에게 알려야 한다 / 순임금의 형제 사랑 / 노여움을 마음 속에 두지 않으며

효도론
맹자로 한국 살리기

어머니 장례를 호화롭게 치른 까닭

맹자가 제나라에 있을 때 모친상을 당하여 장례를 치렀다. 맹자의 제자 중에 관을 짜는 일을 맡았던 충우가 맹자에게 말했다.

"선생님, 어머니를 모신 관이 너무 화려하지 않았는지 모르겠습니다. 앞서 아버님상을 당했을 때보다 이번 어머님 장례를 호화롭게 치렀다고 사람들이 수군거리는 것 같았습니다."

"아주 오랜 옛날에는 관을 만드는 데 정해진 표준이 없었다. 그런데 앞 시대 때부터 관의 두께가 일곱 치로 정해졌다. 이 기준은 위로는 임금에서부터 아래로는 일반 백성들에 이르기까지 똑같이 적용되었다. 그렇게 되니 모든 사람들의 차별이 없어져서 모두들 좋아했다.

그로부터 사람들은 일곱 치 두께의 관을 쓸 만한 재물이 있으면 누구나 그 기준에 따랐다. 왜 나만 그 기준을 따르면 안 된다는 것인가.

효도론
부모 마음을 기쁘게 하라

아버지가 세상을 떠났을 때는 내가 곤궁했을 때였다. 그래서 가난 때문에 아버지의 장례를 후하게 치르지 못했었다. 이제 내가 살 만한 때에 어머니가 돌아가셨는데, 어떻게 장례를 초라하게 치를 수 있단 말이냐.

돌아가신 분을 위해 흙이 살에 닿지 않도록 하는 것은 자손의 마음을 흡족하게 하는 것이며, 자손에게 유한이 없도록 하는 것이 아니겠는가."

| 효도론 |
| 맹자로 한국 살리기 |

예로써 섬기고, 예로써 제사를 모신다

 등나라 정공이 세상을 떠나자 상주가 된 세자(문공)가 연우를 맹자에게 보내 상례에 관한 가르침을 받아 오게 했다.
 "전에 내가 송나라에 들렀을 때 맹자를 만난 적이 있었는데, 그 뒤로 내 마음 속에 항상 그분을 잊을 수가 없었습니다. 지금 불행히도 큰 변고를 당하고 보니, 더욱 그분의 가르침이 간절해집니다. 선생께서 지금 맹자를 찾아뵙고 가르침을 받아 오신 뒤에 장례를 치를까 합니다."
 맹자는 그 때 제나라를 떠나 고향인 추 땅으로 돌아가 있었다.
 연우에게서 세자의 말을 전해 들은 맹자가 상례에 대해 이렇게 말했다.
 "어버이상을 당하면 모든 정성을 다해야 합니다.
 증자는 '부모가 살아 계실 때는 예로써 섬기고, 돌아가신 뒤에는 예로써 장사지내고, 예로써 제사를 지내면 효성스럽다고 할 수

효도론
부모 마음을 기쁘게 하라

있다.'고 말했습니다.

　나는 아직 제후의 예를 배우지 못했으나, 들은 바는 있습니다. 3년 동안의 상중에는 거친 옷을 입고 죽을 먹으면서 지내는데, 위로 천자에서부터 아래로 백성들에 이르기까지, 예로부터 내려오는 공통적인 일입니다."

　세자는 연우가 듣고 온 맹자의 가르침에 따라 3년상을 치르기로 했다. 그런데 종친들과 신하들이 3년상을 반대했다.

　"우리 나라의 선대 임금들도 그렇게 하지 않았고, 같은 성씨의 나라인 노나라의 선대 임금들도 그렇게 하지 않았습니다. 이제 와서 전례를 어긴다는 것은 옳지 않습니다. 그리고 전해 오는 기록에도 '상례와 제례는 선조의 전례에 따르라.'고 했습니다."

　반대에 봉착한 세자는 연우를 다시 맹자에게 보내 가르침을 받아 오게 했다.

　"내가 전날에 학문을 하지 않고 말타기와 칼쓰기를 좋아하여, 지금에 와서 종친 어른들과 신하들이 나를 부족하게 생각하니 내가 큰 일을 제대로 치를 수 있을지 걱정됩니다. 나를 위해 다시 한 번 맹자에게 가서 여쭈어 주십시오."

　연우가 다시 추 땅으로 맹자를 찾아가 가르침을 청하니, 맹자가 공자의 말을 들어 가르침을 주었다.

　"공자께서 말씀하시기를 '나라의 임금이 타계하면 세자는 정사에 관한 모든 일을 재상에게 맡기고, 자신은 죽을 먹으며 침통한

표정으로 상주의 자리로 나가 애통해한다. 그러면 고급 관료들이나 일반 관리들이 슬퍼하지 않을 사람이 없을 것이다. 윗사람이 좋아하는 것이 있으면 아랫사람은 그것을 따라 좋아하려 한다. 군자의 덕을 바람에 비유한다면 소인의 덕은 풀잎에 비유할 수 있으니, 풀은 그 위에 바람이 지나가면 눕게 마련이다.' 라고 했습니다. 그러니 모든 일은 자신이 하기에 달린 것입니다."

연우가 돌아가 세자에게 맹자의 말을 전하니 세자는 "그렇습니다. 정말로 내가 하기에 달렸습니다." 하고는 다섯 달 동안 띠집에 머무르며 상주로서의 예를 다하고, 나라 일에는 아무런 명도 내리지 않았다.

그제서야 종친과 관리 들이 "세자가 예를 안다."고 하면서 세자의 뜻에 따라 장례를 치렀다. 조문객들은 세자의 슬퍼하는 얼굴빛과 슬픈 곡성에 감복하여 세자를 크게 칭찬했다.

효도론
부모 마음을 기쁘게 하라

노인을 잘 봉양하는 나라는 흥한다

맹자가 말했다.

"백이는 은나라의 폭군 주를 피해 북쪽 바닷가에서 살았는데, 주나라의 문왕이 일어나 어진 정치를 편다는 소문을 듣고 '어찌 그에게 돌아가지 않으리오. 문왕이 노인을 잘 봉양한다는 말을 들었다.'고 말했다.

태공도 폭군 주를 피해 동쪽 바닷가에서 살았는데, 문왕이 일어나 어진 정치를 편다는 소문을 듣고 '어찌 그에게로 돌아가 의지하지 않으리오. 나는 문왕이 노인을 잘 봉양한다는 말을 들었다.'고 말했다.

이 두 노인은 세상의 존경을 받고 있었는데, 이들이 문왕에게 돌아가 의지하니, 천하의 노인들이 문왕에게 의지하게 되었다. 천하의 노인들이 문왕에게 의지하니 노인의 아들들이 어디로 가겠는가.

오늘날의 임금들 가운데 문왕의 정치를 본받아 베푸는 사람이 있다면 7년 안에 천하를 맡아 다스리게 될 것이다."

효도론
부모 마음을 기쁘게 하라

몸을 봉양할 것인가 마음을 봉양할 것인가

맹자가 말했다.

"섬기는 일 가운데 무엇이 가장 크겠는가. 부모를 섬기는 일이 가장 크다 할 것이다.

지키는 일 가운데 무엇이 가장 크겠는가. 몸을 지키는 일이 가장 크다 할 것이다.

내 몸을 올바로 지켜 불의에 빠지지 않고 부모를 섬겼다는 이야기는 들은 적이 있지만, 내 몸을 지키지 못하여 불의에 빠지고 부모를 섬겼다는 이야기는 아직 듣지 못했다.

사람은 누구나 누군가를 섬기게 마련이지만, 부모를 섬기는 일이 섬기는 일의 근본이요, 사람은 누구나 무엇인가를 지키게 마련이지만, 내 몸을 지키는 일이 지키는 일의 근본이다.

증자께서 아버지를 봉양하실 때 술과 고기로 상을 차려 내놓으셨다. 아버지가 상을 물릴 때 남은 음식이 있으면 증자는 '누구에게 줄까요?' 하고 물었고, 아버지가 '혹시 남은 음식이 있느냐?' 하고 물으면 증자는 '있습니다.' 하고 대답했다.

 증자의 아버지가 돌아가시고, 증자의 아들이 증자를 봉양할 때도 술과 고기로 상을 차려 내놓았지만, 상을 물릴 때 남은 음식이 있어도 아들은 '누구에게 줄까요?' 하고 묻지 않았고, '남은 음식이 있느냐?' 하고 물어도 아들은 '없습니다.' 하고 대답했다. 증자의 아들은 남은 음식을 두었다가 나중에 다시 차려 내오려고 그렇게 대답한 것이다.

 증자의 아들은 증자의 입과 몸을 봉양했다 할 것이다. 그러나 증자는 아버지의 마음을 봉양했다고 말할 수 있다. 부모 봉양은 증자처럼 하는 것이 옳다."

효도론
부모 마음을 기쁘게 하라

세가지 불효

맹자가 말했다.

"불효에는 세 가지가 있다.

첫째는 어버이의 생각에 아부하여 어버이를 불의에 빠지게 하는 것이고, 둘째는 집안이 가난하고 부모가 늙었는데도 일을 하지 않는 것이고, 셋째는 혼인하지 못해 조상의 제사를 받들 자손을 끊는 것이다.

그 중에서도 뒤를 이을 후손이 없는 것이 가장 큰 불효다.

순임금이 어버이에게 고하지 않고 아내를 맞은 것도 뒤를 이을 후손이 없었기 때문이었다.

후세의 사람들은 순임금의 일을 가리켜 어버이에게 고한 것이나 다름없다고 했다."

맹자가 말했다.

"인(仁)은 어버이를 섬기는 일이요, 의(義)는 형을 따르는 것이요, 지(智)는 '인'과 '의'를 알아 거기에서 벗어나지 않는 것이요, 예(禮)는 '인'과 '의'를 조리에 맞도록 하는 것이요, 낙(樂)은 '인'과 '의'를 즐거워하는 것이다.

즐거워하면 어버이를 섬기고 형을 따르는 마음이 저절로 생긴다. 그런 마음이 생기면 어찌 그만둘 수가 있겠는가.

'어찌 그만둘 수가 있겠는가' 하는 마음이 생길 정도에 이르면, 자기도 모르는 순간 발이 움직이고 손이 덩실거리게 된다."

효도론
부모 마음을 기쁘게 하라

어버이에게 기쁨을 드리지 못하면

맹자가 말했다.

"온 천하의 사람들이 다 기뻐하며 모두 자기에게 오려고 하는데도, 그것 보기를 마치 초개와 같이 여긴 사람은 오직 순임금만이 그러했을 것이다.

어버이에게 기쁨을 드리지 못하면 사람 노릇을 할 수 없고, 어버이에게 순종하지 않으면 자식 노릇을 할 수 없다.

순임금이 어버이를 극진히 섬기니 어버이가 기뻐했다. 어버이가 기뻐함으로써 천하가 감화되어 천하의 모든 부자간의 도덕이 정해진 것이다. 이런 것을 가리켜 큰 효도라 한다."

불효에는 다섯 가지가 있다

제나라 사람 광장의 아버지가 잘못을 저지른 어머니를 죽여 마판 밑에다 묻었다. 광장은 여러 차례 아버지에게 죽은 어머니를 용서하고 다른 데로 옮겨 장사지내 줄 것을 건의했으나 아버지는 끝내 들어 주지 않았다.

광장은 아버지가 마음을 돌리지 않는 이상 처자의 봉양을 받을 수 없다고 하여 별거 생활을 했다.

세상 사람들은 광장이 아버지의 뜻을 거스른 불효자라고 비난했지만, 맹자는 그와 교유하며 예를 갖추어 깍듯이 대했다.

공도자가 맹자에게 물었다.

"광장을 가리켜 온 나라 사람들이 다 불효자라고 하는데, 선생님은 그와 교유하시고 또 예를 갖추어 대하시니 어인 까닭이십니까?"

"세속에서 불효라고 하는 것에는 다섯 가지가 있다.

효도론
부모 마음을 기쁘게 하라

첫째는 게을러서 부모 봉양을 하지 않는 것이요, 둘째는 음주와 잡기에 빠져서 부모 봉양을 하지 않는 것이요, 셋째는 재물을 좋아하고 사치에 빠져 부모 봉양을 하지 않는 것이요, 넷째는 눈과 귀를 즐겁게 하는 데 급급하느라 부모를 욕되게 하는 것이요, 다섯째는 용맹을 믿고 싸움을 좋아해 부모를 걱정스럽게 하는 것이다.

광장에게 이 다섯 가지 가운데 한 가지라도 불효하는 일이 있는가. 광장은 부자간에 옳은 일을 권하다가 뜻이 맞지 않았던 것이다. 옳은 일을 권하는 것은 친구간에 할 도리이지 부자간에 할 도리는 아니다.

광장이 어찌 가족과 함께 살고 싶지 않겠는가마는 아버지에게 죄를 지었으므로 가까이 할 수 없다고 해서 죽을 때까지 봉양을 받지 않으려는 것이다. 광장은 그렇게 하지 않으면 아버지에 대한 죄가 더 커진다고 생각하고 있는 것이다. 이렇게 살아가는 사람은 단 한 사람 광장뿐이다."

☞ 광장(匡章) : 제(齊) 나라 사람으로 문무(文武)를 겸비하였다고 한다.
☞ 고요(皐陶) : 순임금의 신하로 형벌을 관장하여 백성들의 법도를 바로잡은 인물.

아버지가 죄를 지으면

도응이 맹자에게 물었다.
"순임금이 천자로 계실 때 고요가 형관(법무부 장관)이 되었는데, 순임금의 아버지 고수가 사람을 죽였다면 고요는 어떻게 처리했을까요?"
"고수를 붙잡아 죄를 물었을 것이다."
"순임금께서 그렇게 하지 못하도록 막지 않았을까요?"
"법에 따를 뿐 막지 않았을 것이다."
"그렇다면 순임금께서는 어떻게 하셨을까요?"
"순임금은 천자의 자리를 헌 신짝 버리듯 하고, 아버지를 업고 도망쳐 바닷가에 살면서, 죽을 때까지 아버지를 모시고 살면서 세상일을 잊을 것이다."

효도론
부모 마음을 기쁘게 하라

아버지가 즐겨 먹는 음식

증자는 아버지가 생전에 양대추를 즐겨 먹었으므로, 아버지를 추모하는 마음에서 양대추를 먹지 않았다.

어느 날 공손추가 맹자에게 물었다.

"생선회와 불고기와 양대추 가운데 어느 것이 더 맛있습니까?"

"생선회와 불고기가 양대추보다 맛있을 것이다."

"그렇다면, 증자의 선친은 생선회와 불고기도 즐겨 드셨을 것인데, 증자는 왜 생선회와 불고기는 먹고 양대추는 먹지 않았을까요?"

"생선회와 불고기는 사람들이 다같이 즐겨 먹는 음식이지만 양대추는 아버지만 즐겼던 것이기 때문일 것이다. 그것은 마치 어른의 이름을 부르기는 꺼리고 성을 부르기는 꺼리지 않는 것과 같다고 할 수 있다. 성은 다같이 쓰는 것이요, 이름은 혼자만 쓰는 것이기 때문이다."

순임금의 큰 효도

만장이 스승인 맹자에게 물었다.

"순임금이 밭에서 일하다가 하늘을 우러러 부모를 부르며 울었다고 하는데, 왜 그렇게 울었을까요?"

"부모를 기쁘게 해 드리지 못해서 그렇게 울었을 것이다."

순임금의 아버지 고수는 성질이 고약했고, 계모는 성질이 모질었다. 순임금이 아무리 효성을 다해 섬기려 해도 부모는 그를 미워하고 죽이려고까지 했다.

만장이 다시 물었다.

"부모님이 나를 사랑하시면 기뻐하며 그 은혜를 잊지 말고, 부모님이 나를 미워하시면 두려워하되 원망하지 말아야 한다고 했는데, 순임금은 부모를 원망한 걸까요?"

"옛날에 장식이 공명고에게 똑같은 질문을 했다.

'순임금이 하늘을 우러러 부모를 부르면서 울었다는데 저로서

효도론
부모 마음을 기쁘게 하라

는 이해할 수 없습니다.' 하고 물으니, 공명고가 '그 마음은 자네가 알 수 있는 것이 아니다.' 라고 대답했다고 한다.

공명고는 효자의 마음이란 원래 근심걱정이 많은 것이라고 생각했기 때문에 이렇게 대답했을 것이다. '나는 힘을 다해 밭을 갈아 자식의 도리를 다할 뿐이다. 부모가 나를 사랑하지 않는 것이 나와 무슨 상관이란 말인가.' 이런 생각을 가져서는 안 된다.

요임금이 아홉 아들과 두 딸에게 많은 일꾼과 가축을 갖추어 주며, 순임금의 농막에 가서 섬기게 하니, 많은 선비들이 순임금을 따랐다. 그러자 요임금은 순임금에게 천하를 물려주었다.

천하의 선비들이 기쁜 마음으로 나에게 따르기를 누구나 다 바란다. 누구나 다 바라는 그것이 이루어졌는데도 순임금의 근심을 풀 수는 없었다.

재색과 덕성을 고루 갖춘 여자 만나기를 누구나 다 바란다. 요임금의 두 딸 아황과 여영을 아내로 맞아, 누구나 다 바라는 그것이 이루어졌는데도 순임금의 근심을 풀 수는 없었다.

부는 누구나 다 바란다. 천하의 부를 다 차지함으로써 누구나 다 바라는 그것이 이루어졌는데도 순임금의 근심을 풀 수는 없었다.

귀하게 되기를 누구나 다 바란다. 천자의 지위에 올라, 누구나 다 바라는 그것이 이루어졌음에도 순임금의 근심을 풀 수는 없었다.

순임금의 근심을 풀어 줄 수 있는 것은, 오직 부모의 마음을 기쁘게 하는 것뿐이었다.

사람이 어렸을 때는 부모를 사모하다가, 여자를 좋아할 나이가 되면 어여쁜 여자를 생각하게 되고, 처자가 생기면 처자를 사랑한다. 벼슬을 하면 임금을 사모하게 되고, 임금의 신임을 얻지 못하면 신임을 얻으려고 애를 쓴다.

큰 효자만이 죽을 때까지 부모를 사모한다. 나이 쉰이 되어서도 부모를 사모하는 큰 효도를 나는 위대한 순임금에게서 보았다."

효도론
부모 마음을 기쁘게 하라

천하를 손으로 건질 수는 없다

순우곤이 맹자에게 물었다.
"남자와 여자는 직접 주고받지 않는 것이 예입니까?"
"그렇습니다."
"그러면, 형수가 물에 빠졌다면 손으로 끌어당겨야 합니까?"
"형수가 물에 빠졌는데 끌어당기지 않으면 승냥이나 이리 같은 사람이겠지요. 남자와 여자가 직접 주고받지 않는 것은 예요, 물에 빠진 형수를 끌어당기는 것은 위급한 사태에 대한 임기 응변입니다."
"지금 천하가 물에 빠졌는데, 선생께서 끌어당기지 않는 것은 무슨 까닭입니까?"
"천하가 물에 빠지면 바른 도리로 끌어당깁니다. 형수가 물에 빠지면 손으로 끌어당기나니, 그대는 천하를 손으로 끌어당기라는 것입니까?"

아내를 얻으려면 부모에게 알려야 한다

만장이 맹자에게 물었다.
"'시경' 제풍 남산편에 보면 '아내를 얻으려면 반드시 부모에게 알려야 하네.' 라고 나와 있습니다.
그런데 순임금은 요임금의 두 딸 아황과 여영을 아내로 맞으면서 부모에게 알리지 않았습니다. 선생님은 항상 순임금을 큰 효자라고 말씀하셨습니다.
'시경' 에 따른다면 순임금은 효도에 어긋나는 행동을 한 것이 아닌지요?"
"순임금이 부모에게 알렸다면 아내를 맞이할 수 없었을 것이다. 남녀가 결혼하여 한 집에 사는 것은 인간의 큰 윤리이다.
만약 부모에게 알렸다면 인간 대륜을 폐하고, 부모를 원망하여 대립하게 되었을 것이다.
그래서 알리지 않은 것이다."

"요임금이 따님 두 분을 순임금에게 시집보내면서 순임금의 부모에게 알리지 않은 까닭은 무엇 때문입니까?"
"요임금도 순임금의 부모에게 알리면 혼인이 이루어지지 않을 것을 알았기 때문이다."

효도론
맹자로 한국 살리기

순임금의 형제 사랑

만장이 맹자에게 물었다.

"순임금의 부모는 순임금에게 곡식 창고를 수리하라고 시키고는 그가 지붕에 올라가자 사다리를 치운 뒤에 창고에 불을 질렀으며, 또 우물을 파라고 시키고는 그를 묻어 버렸다고 합니다.

이복 동생인 상은 '형을 묻어 버리기로 한 계획은 모두 내가 세웠다. 소와 양 그리고 곡식 창고는 부모에게 주고, 방패와 창과 거문고와 활은 내가 가지며, 두 형수는 나의 잠자리를 보살피게 하리라.' 했습니다.

상이 형의 집으로 가 보니 순임금이 평상에 앉아 거문고를 타고 있었습니다. 당황한 상은 '형님 생각이 간절해서 왔습니다.' 라고 하며 부끄러워했다고 합니다. 그런데 순임금은 '마침 잘 왔다. 네가 나를 도와 일꾼들을 다스려 다오.' 했다니, 순임금은 상이 자기를 죽이려 한 사실을 몰랐던 것입니까?"

효도론
부모 마음을 기쁘게 하라

"왜 몰랐겠는가. 동생이 근심하면 순임금도 근심하고, 동생이 기뻐하면 순임금도 기뻐했다."

"그렇다면 순임금은 거짓으로 기뻐한 것인가요?"

"아니다. 옛날에 어떤 사람이 물고기를 정나라 자산에게 선물했는데, 자산이 연못 관리인에게 기르라고 주었다.

연못 관리인이 물고기를 삶아 먹어 버리고는 자산에게 '처음 놓아 두었을 때는 어릿어릿하더니, 좀 있다가 생기 있게 꼬리를 치며 물 속으로 들어가 버렸습니다.' 하고 복명했다.

이 말을 듣고 자산은 기뻐하며 '그놈이 제자리를 찾아갔구나. 제자리를 찾아갔어.' 하고 말했다. 연못 관리인은 사람들에게 '누가 자산을 가리켜 지혜로운 사람이라고 말했는가. 내가 삶아 먹어 버렸는데, 제자리를 찾아갔구나 제자리를 찾아갔어라고 하니 말이다.' 하고 비아냥거렸다. 연못 관리인은 자산이 말한 '제자리를 찾아갔다'는 말의 뜻을 이해하지 못한 것이다.

군자를 속이려면 도리에 맞는 말을 해야지, 도리에 맞지 않는 말로는 속일 수가 없다.

상이 형을 사랑하는 도리로써 대해 왔으므로 순임금은 정말로 기뻐한 것이다. 어찌 거짓이 있었겠는가."

노여움을 마음 속에 두지 않으며

만장이 맹자에게 물었다.

"순임금의 이복 동생 상은 형을 죽이려고 여러 가지 일을 저질렀는데도 순임금은 천자가 된 뒤에 상을 유비 땅으로 내쫓는 것으로 끝냈습니다. 왜 그랬을까요?"

"순임금은 동생을 유비 땅의 제후로 봉한 것이지 추방한 것이 아니다. 그런데 사람들은 순임금이 상을 유비 땅으로 내쫓았다고 알고 있다."

"사람들은 왜 내쫓았다고 알고 있을까요?"

"상은 백성을 다스릴 만한 인물이 못 되었기 때문에, 순임금이 따로 신하를 시켜 유비 땅을 다스리게 하고 세금을 받아들이게 했다. 그래서 사람들은 상을 내쫓았다고 말한다.

순임금은 항상 상을 만나 보고 싶어했으므로 아무 때라도 찾아오게 했다. '조공드릴 때가 되지 않았는데도 유비 땅의 제후를 만나 보았다.'고 한 것은 이것을 두고 한 말이다."
 "순임금은 천자의 자리에 오르자 맨 먼저 상벌을 분명히 해 나쁜 무리들을 처벌했습니다. 그런데 악독한 인물인 상을 유비 땅의 제후로 봉했다면, 악독한 제후 밑에서 시달려야 하는 유비 땅의 백성들만 불쌍한 것 아닙니까. 어진 사람은 본래 이처럼 불공평하게 일을 처리합니까. 남은 엄격하게 처벌하면서도 자기 동생은 제후로 봉해 주었다니 말입니다."
 "어진 사람이 자기 동생을 대하는 태도는, 노여움을 마음 속에 두지 않으며, 원한을 품지 않으며, 오직 사랑할 뿐이다. 사랑하기 때문에 동생이 귀하게 되기를 바라며, 사랑하기 때문에 동생이 부유해지기를 바란다. 상을 유비 땅의 제후로 봉한 것은 상을 부유하고 존귀하게 해 주기 위해서다. 자신은 천자가 되었는데 동생을 필부로 내팽개쳐 둔다면, 그것을 가리켜 사랑하는 동기간의 우애라고 말할 수 있겠는가."

시간과 공간을 초월하여
영원한 고전으로 남아질 수 있는
과거속의 유산을 캐내어
메마른 우리들의 마음밭을
기름지게 가꾸어 줄 수 있는 —

자유문고의 책들

1. 정관정요
오긍 지음 ●258쪽/6,000원
당나라 이후 중국의 역대왕실이 모든 제왕의 통치철학으로 삼아 오던 이 저서는 일본으로 건너가「도꾸가와 이에야스(德川家康)」가 일본 통일의 기틀 마련하는데 큰 힘이 되었다. 〈5쇄〉

2. 식경
편집부 해역 ●258쪽/4,000원
어떤 음식을 어떻게 섭취하면 몸에 좋은가? 어떻게 하면 건강하게 무병장수 할 수 있는가 등등. 옛 중국인들의 음식물 조리와 저장방법 등 예방의학적 관점에서 그 해답을 얻을 수 있다. 〈5쇄〉

3. 십팔사략
증선지 지음 ●258쪽/6,000원
고대 중국의 3황 5제에서부터 송나라 말기까지 유구한 역사의 노정에서 격랑에 휘말린 인물과 사건을 시대별로 나눈 5천년 중국사를 한눈에 볼 수 있는 역사서. 〈6쇄〉

4. 소학
조형남 해역 ●328쪽/7,000원
자녀들의 인격 완성을 위하여 성인이 되기 전 한번쯤 읽어야 하는 고전. 아름다운 말, 착한 행동, 교육의 기초 등, 인간이 지켜야 할 예절과 우리 선조들의 예의범절을 되돌아 볼 수 있다. 〈4쇄〉

5. 대학
정우영 해역 ●160쪽/5,000원
사회생활에서 지도자가 되거나 조직의 일원이 될 때 행동과 처세, 자신의 수양, 상하의 관계 등에 도움은 물론, 훌륭한 지도자로 성장 할 수 있도록하는 조직관리의 길잡이다. 〈3쇄〉

6. 중용
조강환 해역 ●168쪽/5,000원
인간의 성(性)·도(道)·교(敎)의 구체적인 사항을 제시하였다. 도(道)와 중화(中和)는 항상 성(誠)을 가지고 살아가야 한다는 것과 귀신에 대한 문제 등이 심도있게 논의됐다. 〈3쇄〉

7. 신음어
여곤 지음 ●256쪽/6,000원
한 국가를 경영하는 요체로써 인간의 마음, 인간의 도리, 도를 논하는 방법, 국가공복의 의무, 세상의 운세 그리고 성인과 현인, 국가를 경영하는 요체 등을 주제로 한 공직자의 필독서이다. 〈2쇄〉

8. 논어
김상배 해역 ●376쪽/8,000원
공자와 제자들의 사랑방 대화록. 공자(孔子)의 '배우고 때때로 익히면 즐겁지 아니한가.'로 시작되는 논어를 통해 공문 제자의 교육법을 알 수 있다. 〈5쇄〉

9. 맹자
전일환 해역 ●464쪽/10,000원
난세를 다스리는 정치철학. 백성이란 생활을 유지할 생업이 있어야 변함없는 마음을 가질 수 있고, 생업이 없으면 변함없는 마음을 가질 수 없다. 〈4쇄〉

10. 시경
이상진·황송문 역 ●576쪽/12,000원
공자는 시(詩) 3백편을 한마디로 대변한다면 '사무사(思無邪)'라고 했다. 옛 성인들은 시경을 인간의 마음을 정화시키는 중요한 교육서로 삼았다. 각 시에 관련된 그림도 수록되어 있다. 〈2쇄〉

11. 서경
이상진·강명관 역 ●444쪽/6,000원
요순(堯舜)시대부터 서주(西周)시대까지의 정사(政事)에 관한 모든 문서(文書)를 공자(孔子)가 수집하여 편찬한 책이다. 유학의 정치에 치중한 경전의 하나. 〈2쇄〉

12. 주역
양학형·이준영 역 ●496쪽/12,000원
주역은 신성한 경전도 신비한 기서(奇書)도 아니다. 보는 자의 관점에 따라 판단을 내리도록 하는 것이 역의 기본이치이다. 주역은 하나의 암시로 그 암시를 통해 문제를 해결해 나가는 것이다. 〈4쇄〉

13. 노자도덕경
노재욱 해역 ●272쪽/7,000원
난세를 쉽게 사는 생존철학으로 인생은 속절없고 천지는 유구하다. 천지가 유구한 것은 무위 자연의 도를 수행하고 있기 때문이다. 제일 귀중한 것은 자기의 생명이다 라고 했다. 〈4쇄〉

14. 장자
노재욱 편저 ●260쪽/6,000원

바람따라 구름따라 정처없이 노닐며 온 천하의 그 무엇에도 속박되는 것 없이 절대 자유로운 삶을 영위하는 소요유에서부터 제물론, 응제왕편 등 장주(莊周)의 자유무애한 삶의 이야기이다. 〈3쇄〉

15. 묵자
박문현·이준영 역 ●552쪽/10,000원

묵자(墨子)는 '사랑'을 주창한 철학자이며 실천가이다. 묵자의 이론은 단순하지만 그 이론을 지탱하는 무게는 끝없이 크다. 묵자의 '사랑'은 구체적이고 적극적이다.

16. 효경
박명용·황송문 역 ●232쪽/4,000원

효도의 개념을 정립한 것. 공자의 제자인 증자(曾子)는 효도의 마음가짐이 뛰어났다. 이 점을 간파한 공자가 증자에게 효도에 관한 언행을 전하여 기록하게 한 효의 이론서이다. 〈2쇄〉

17. 한비자
노재욱·조강환 역 ●상/10,000원 ●하/9,000원

약육강식이 횡행하던 춘추전국시대에 순자의 성악설(性惡說)을 사상적 배경으로 받아들여 법의 절대주의를 역설하였다. 법 위주의 냉엄한 철학으로 이루어졌다. 〈3쇄〉

18. 근사록
정영호 해역 ●424쪽/8,000원

내 삶의 지팡이. 송(宋)나라의 논어(論語)라 일컬어진 『근사록』은 송나라 성리학(性理學)을 집대성한 유학의 진수이다. 높은 차원의 철학적 사상과 학문이 쉽고 짧은 문장으로 다루어졌다. 〈4쇄〉

19. 포박자
갈홍 저/장영창 역 ●280쪽/6,000원

불로장생(不老長生), 이것은 모든 인간의 소망이며 기원의 대상이다. 인간은 죽음을 초월할 수 있는가? 불로불사(不老不死)의 약은 있는가? 등등. 인간들이 궁금해 하는 사연들이 조명되었다. 〈5쇄〉

20. 여씨춘추
정영호 역 ●12기/7,000원 ●8람/9,000원 ●6론/4,000원

여불위가 3천여 학자와 이룩한 사론서(史論書)로 유가·도가·묵가·병가·명가 등의 설을 취합. '12기(紀), 8람(覽), 6론(論)'으로 나뉘어 선진(先秦)시대의 학설과 사상을 총망라해 다룬 백과전서. 〈2쇄〉

21. 고승전
혜교 저/유월탄 역 ●260쪽/4,000원

중국대륙에 불교가 들어 오면서 불가(佛家)의 오묘 불가사의한 행적들과 중국으로 전파되는 전도과정에서의 수난과 고통, 수도과정에서 보여주는 고승들의 행적 등을 기록한 기록문. 〈2쇄〉

22. 한문입문
최형주 해역 ●232쪽/5,000원

조선시대의 유치원 교육서라고 하는 천자문, 이천자문, 사자소학, 계몽편, 동몽선습이 수록됨. 또 관혼상제 등과 가족의 호칭법 등이 나열되고 간단한 제상차리는 법 등이 요약되었다. 〈3쇄〉

23. 열녀전
유향 저/박양숙 역 ●416쪽/7,000원

역사에 큰 발자취를 남긴 89명의 여인들을 다룬 여성의 전기이다. 총 7권으로 구성되었으며 옛여성들이 지킨 도덕관을 한 눈에 볼 수 있는 교양서.

24. 육도삼략
조강환 해역 ●296쪽/7,000원

병법학의 최고봉인 무경칠서(武經七書) 가운데 두 가지의 책으로 3군을 지휘하고 국가를 방위하는데 필요한 저서이다. 『육도』와 『삼략』의 두 권이 하나로 합한 것이다. 〈3쇄〉

25. 주역참동계
최형주 해역 ●272쪽/6,000원

『주역참동계(周易參同契)』란 주나라의 역(易)이 노자의 도(道)와 연단술(練丹術)과 서로 섞여 통하며『주역』과 연단은 음양을 벗어나지 못하며 노자의 도는 음양이 합치된다고 하였다. 〈3쇄〉

26. 한서예문지
이세열 해역 ●328쪽/7,000원

반고(班固)가 찬한 『한서(漢書)』 제30권에 들어 있는 동양고전의 서지학(書誌學)의 대사전이다. 한(漢)나라 이전의 모든 고전을 일목요연하게 볼 수 있는 서지학의 원조이다.

27. 대대례
박양숙 역 ●344쪽/8,000원

『대대례』의 정식 명칭은『대대예기』이며 한(漢)나라 대덕(戴德)이 편찬한 저서로서 공자(孔子)와 그의 제자들이 예에 관한 기록의 131편을 수집하여 집대성한 것이다.

28. 열자
유평수 해역 ●304쪽/7,000원

『열자』의 학문은 황제(黃帝)와 노자(老子)에 근본을 삼았고 열자 자신을 호칭하여 도가(道家)의 중시조라고 했다. 『열자』는 내용이 재미가 있고 어렵지 않은 것이 특징이다.

29. 법언
양웅 저/최형주 역 ●312쪽/7,000원

전한(前漢)시대 사마상여(司馬相如)의 영향을 받아 대문장가가된 양웅(楊雄)의 문집이다. 양웅은 오로지 저술에 의해 이름을 남기고자 힘써 저술에 전념하였다.

#	제목	설명
30	**산해경** 최형주 해역 ● 408쪽/10,000원	『산해경(山海經)』은 문학・사학・신화학・지리학・민속학・인류학・종교학・생물학・광물학・자원학 등 제반 분야를 총망라한 동양 최고의 기서(奇書)이며 박물지(博物志)이다. 〈3쇄〉
31	**고사성어** 송기섭 지음 ● 304쪽/7,000원	일상생활에서 많이 쓰이는 중심되는 125개의 고사성어가 생기게 된 유래를 밝히고 1,000여개 고사성어의 유사언어와 반대되는 말, 속어, 준말, 자해(字解) 등을 자세하게 실어 이해를 도왔다. 〈3쇄〉
32	**명심보감・격몽요결** 박양숙 해역 ● 280쪽/6,000원	인간 기본 소양의 명심보감과 공부하는 지침을 가르쳐 주는 격몽요결, 학교의 운영과 학생들의 행동에 대한 모범안을 보여주는 율곡 이이(李珥) 선생의 학교모범으로 이루어졌다. 〈2쇄〉
33	**이향견문록** 유재건 엮음/이상진 역 ●상/8,000원│하/8,000원	일반적으로 많이 알려지지 않은 숨은 이야기 모음이다. 소문으로 알려져 있는 평범한 이야기도 있고, 기이한 이야기도 있고, 유명한 사람의 이야기를 능가하는 이야기도 있다.
34	**성학십도와 동국십팔선정** 이상진 외2인 해역 ● 248쪽/6,000원	'성학십도'는 어린 선조(宣祖)가 성군(聖君)이 되기를 바라는 마음에서 퇴계 이황이 집필한 책. '동국십팔선정'은 우리나라 사람으로서 성균관 문묘(文廟)에 배향된 대유학자 18명의 발자취를 나열한 책. 〈2쇄〉
35	**시자** 신용철 해역 ● 240쪽/6,000원	진(秦)나라 재상 상앙의 스승이었다는 시교의 저서로 인의(仁義)를 바탕에 깔고 유가(儒家)의 덕치(德治)를 바탕으로 '정명(正名)과 명분(名分)'을 내세워 형벌을 주창하였다.
36	**유몽영** 장조 저・박양숙 역 ● 240쪽/6,000원	장조(張潮)가 쓴 중국 청대(淸代)의 수필 소품문학의 백미(白眉)로, 도학자(道學者)다운 자세와 차원높은 은유로 인간의 진솔한 삶의 방법과 존재가치를 탐구하였다.
37	**채근담** 박양숙 해역 ● 288쪽/7,000원	명(明)나라 때 홍자성(洪自誠)이 지은 저서로 하늘의 이치와 인간의 정(情)을 근본으로 삼아 덕행을 숭상하고 명예와 이익을 가볍게 보아 담박한 삶의 참맛을 찾는 길을 모색하였다.
38	**수신기** 간보 저/전병구 역 ● 462쪽/10,000원	동진(東晉)의 간보(干寶)가 지은 것으로 '신괴(神怪)한 것을 찾다'와 같이 '귀신을 수색한다'의 뜻으로 신선, 도사, 기인, 괴물), 귀신 등등의 이야기로 이루어져 있다. 〈2쇄〉
39	**당의통략** 이덕일・이준영 역 ● 457쪽/10,000원	조선 말기의 정치가이며 학자인 이건창이 지은 책으로 선조(宣祖) 때부터 영조(英祖) 때까지의 당쟁사이다. 음모와 모략, 드디어 영조가 대탕평을 펼치게 되는 일에서 끝을 맺었다.
40	**거울로 보는 관상** 신성은 엮음 ● 400쪽/15,000원	달마조사와 마의선사의 상법(相法)을 300여 도록을 완비하여 넣고 완전 현대문으로 재해석하여 누구나 쉽게 알 수 있도록 꾸민 관상학의 해설서. 원제는 '마의상법(麻衣相法)'이다.
41	**다경** 박양숙 해역 ● 240쪽/7,000원	당나라 육우(陸羽)의 『다경(茶經)』과 일본의 영서(榮西)선사의 『끽다양생기』를 합 현대문으로 재해석하고 도록으로 차와 건강을 설명하여 전통차의 효용성과 커피의 실용성을 곁들여 다루었다.
42	**음즐록** 정우영 해역 ● 176쪽/6,000원	선행을 많이 쌓으면 타고난 운명을 바꿀 수 있다는 저서. 음즐은 '하늘이 아무도 모르게 사람의 행동을 보고 화복을 내린다.'는 뜻에서 딴 것. 어떤 행동이 얼마만큼의 공덕에 해당하는 가에 대한 예시도 해놓았다.
43	**손자병법** 조일형 해역 ● 272쪽/7,000원	혼란했던 춘추시대에 태어나 약육강식의 시대를 살며 터득한 경험을 이론으로 승화시킨 손자의 병법서. 현대인들에게는 처세술의 대표적인 책으로 알려졌다.
44	**사경** 김해성 해역 ● 288쪽/9,000원	'사람을 쏘려거든 먼저 말을 쏘아라'라는 부제가 대변해 주듯, 활쏘기의 방법에 대한 개론서. 활쏘기 자체를 초월한 도(道)의 경지에 오르는 길을 설명하고, 관련 도록을 수록하고, 『예기』에서 관련된 부분을 발췌해 넣었다.
45	**예기** 지재희 역 ● 상/14,000원│중/14,000원│하/14,000원	옛날 사람들의 생활과 관련된 모든 것을 총망라하여 49편으로 구성해 놓은 생활지침서로 상・중・하로 나누었다. 옛날 사람들이 어떤 문화를 가지고 살았으며, 어떤 것에 생활의 무게를 두었는가 하는 것들을 살필 수 있다.